# 中华传统文化
## 民俗课程

苏晨杰　丁　莉

编著

华东师范大学出版社

**图书在版编目（CIP）数据**

中华传统文化民俗课程 / 苏晨杰，丁莉编著. —上海：华东师范大学出版社，2018

ISBN 978-7-5675-7431-1

Ⅰ.①中… Ⅱ.①苏… ②丁… Ⅲ.①中华文化－中小学－教材 Ⅳ.① G634.301

中国版本图书馆 CIP 数据核字（2018）第 099602 号

# 中华传统文化民俗课程

编　　著　苏晨杰　丁　莉
策划编辑　彭呈军
特约编辑　余　漪
责任校对　张多多
装帧设计　孙　震　孙小晶

出版发行　华东师范大学出版社
社　　址　上海市中山北路 3663 号　邮编 200062
网　　址　www.ecnupress.com.cn
电　　话　021-60821666　行政传真　021-62572105
客服电话　021-62865537　门市（邮购）电话　021-62869887
地　　址　上海市中山北路 3663 号华东师范大学校内先锋路口
网　　店　http://hdsdcbs.tmall.com

印 刷 者　上海丽佳制版印刷有限公司
开　　本　787×1092　16 开
印　　张　10.75
字　　数　131 千字
版　　次　2018 年 6 月第 1 版
印　　次　2018 年 6 月第 1 次
书　　号　ISBN 978-7-5675-7431-1/G・10911
定　　价　48.00 元
出 版 人　王　焰

（如发现本版图书有印订质量问题，请寄回本社客服中心调换或电话 021-62865537 联系）

## 编写委员会

**主　任**

苏晨杰　丁　莉

**课程撰写**

| | | |
|---|---|---|
| 一年级 | 中华传统节日 | 张经峻 |
| 二年级 | 歇后语、谚语 | 杨晓菁 |
| 三年级 | 二十四节气 | 丁　莉　徐　遥 |
| 四年级 | 民族风情 | 陈晓露 |
| 五年级 | 中医药基础 | 应　瑛 |
| 六年级 | 民族服饰 | 籍　莉　董　琪 |
| 七年级 | 书画艺术 | 刘卓群 |
| 八年级 | 红楼民俗文化 | 顾嘉惠 |
| 九年级 | 文化寻根 | 顾嘉惠 |

**校　对**

丁　莉　刘卓群　张经峻　杨晓菁　徐　遥
应　瑛　董　琪　顾嘉惠　陈　静

**统　筹**

刘卓群

# 中华传统文化民俗课程 ZHONG HUA CHUAN TONG WEN HUA MIN SU KE CHENG 目 录

# 序

今天，国际教育或国际化教育是一个流行的词汇，然而，何谓"国际"，如何"国际化"，对此人们其实是感到非常模糊的。国际教育不是国外教育，国际化也不是西方化。在全球化的背景下，中国既是受益者，也是推动者，中国与国际本来就不是相互对立的，因此，我们所讲的"国际化教育"，本质是如何在全球背景下推进中国基础教育的变革，而不是将中国传统教育推倒重来，或者直接引进西方的一套教育体系。

平和学校是一所十二年一贯制的民办双语寄宿学校，一至九年级实施国家课程，十至十二年级实施国际课程，主要是IBDP以及中加双文凭的OSSD课程。在高中的国际课程实践中，我们做了很多本土化的尝试，而对于小学与初中的国家课程，我们希望更多地借鉴西方教育中有价值的做法，与中国传统的教育进行融合，这样的"国际化"我们称之为中西融合教育。

在融合教育中，母语以及其背后的文化的教学是一个重点，也是平和学校融合教育的一个亮点。以丁莉老师为核心的中文教师团队，在长期的教学实践中，在完成国家课程教学内容和教学目标的基础上，对于中华传统文化相关教育内容的补充与渗透投入了异乎寻常的热情。五年前，他们出版了一本《汉语言及文化课程方案》，建构了以基础型必修课程为主，拓展型限定选修课程、拓展型自主选修课程和自主型活动体验课程相结合的校本课程体系。今年，他们又结合教学实践，提炼、整理并编写《中华传统文化民俗课程》。本课程涵盖小学与初中的九个年级，从课程理念到课程实践，从课程计划到评价方案，从参考资料到学生作品，一应俱全，为我们展示了一个丰富的中华民俗的课程世界。

教育是一个帮助学生认识自我、实现自我、超越自我的过程，对自我的认知永远是人生的终极核心问题，而每一个人又都是基于民族、基于文化的个体，每一个人都是被民族文化的水土所滋养长大的。因此，学校要通过传统文化教育，让学生更深刻地认识自己。这样，未来在全球化的舞台上，他们才能够施展更多的才华，发挥更大的作用。这个任务是极其艰巨的，平和学校做了一点小小的探索，并且会坚定地探索下去，期待能够有更多的同行者加入，也敬请各位专家学者批评指正。

上海市民办平和学校校长 万玮

2017年10月

子曰："我欲载之空言，不如见之于行事之深切著明也。"

——《史记·太史公自序》

# 前　言

国家的富强与民族的兴盛往往与其传统文化的兴衰密切相关。在中国近五年来的内政外交中可发现这样一个信号：中国传统文化受到高度重视，传统文化的重要性已经在国内教育系统中彰显得愈发鲜明。国家教育部2014年工作要点已明确提出让中华传统文化回归课堂。

平和学校以"精品、高素质、国际化"为办学宗旨，致力于培养扎根于中华传统文化、具有国际竞争力的成功的学习者。我们语文组在校领导的支持下，向前跨了一小步，从2009年就开始探索中华文化课程的校本化，致力于构建和完善《走近中华传统文化》校本课程，让学生在汉语言的学习过程中，了解更多的中华传统文化，让学生在思考、实践和创造活动中全面发展，感受中华传统文化的博大精深，甚至使一部分学生自觉成为中华优秀文化的继承者和传播者。

## 一、校本课程开发过程

我们的课程建设和实践主要经历了以下几个阶段：

2002年9月，开设中国文化课。

2006年9月，确定中国文化课教材。

2009年3月，在学部范围内组织开展"中华文化节"系列活动，后来"中华文化节"被学校列为十大德育品牌项目之一。如今，"中华文化节"系列活动作为研究型活动课程，每个学期仍在持续开展。

2011年3月，丁莉老师撰写的《中国文化课程》，编入崔允漷教授主编的《校本课程开发：上海经验》一书，由华东师范大学出版社出版，全国发行。

2012年3月，结合教学实践，进行汉语言及文化课程的研究。语文教研组的老师们合作撰写《一至九年级汉语言及文化课程方案》，并出版《平和教育文集八》，其中包括国家课程校本化方案和《走近中华传统文化校本课程方案》，形成了"传统经典系列"文化课程体系。

2014年12月，结合教学实践，语文教研组进行阅读课程的研究，确定了一至九年级阅读课程的课程内容、实施方式和评价方式。

2015年9月至2016年8月，在理性实践的基础上，老师们结合学校教育系统性、完整性、渐进性的特点，根据不同年龄阶段的学生心理发展水平、认识能力，进行民俗课程研究，教研组合作撰写《中华传统文化民俗课程》。

2016年9月至2017年6月，又经过一轮的教学实践，进一步完善《中华传统文化民俗课程》，形成了"华夏寻根系列"文化课程体系。

至此，融合课程部语文组的汉语言及文化课程，经过多年的实践研究与不断完善，形成了日趋完备的教学体系：两个原则、三类课程、四大模块。

我们的课程建设本着"国家课程第一"的原则，符合平和课程理念，并结合了我们学生的特点和需求。三类课型为基础型课程、拓展型课程和研究型活动课程。基础型课程即传统意义上的语文课；拓展型课程包括阅读课程、文化课程（传统经典课程）、民俗课程（华夏寻根课程）；而研究型活动课程则是基于阅读课、文化课和民俗课的"中华文化节"活动和基于课程的社会实践。

## 二、民俗课程实施情况

借鉴多年来在中华文化课程建设中的经验，教研组立足课堂所学知识，巧借课外文化资源，构建了将"拓展型课程"和"研究型活动课程"相结合的民俗课程（华夏寻根课程）体系，逐步形成了这本《中华传统文化民俗课程》。

每个年级的课程方案都有详细的课程目的、课程内容、课程结构、课程安排、课程实施，并根据学生的年龄特点设计了不同的考核方式和课程评价方式。在这三年的民俗课程实践和完善过程中，教研组调整了课程结构，梳理了课程内容，完善了评价体系，建立了学科标准，细化了实施方案，使我们的课程方案更好地指导教学实践，更积极、更有力地引导课程与教学的健康发展。

（一）内容结构合理，以了解民俗文化理解民族情结

民俗课程一至九年级都有不同的学习内容和侧重点。

这些课程内容是出于系统性、一贯性和实用性的考虑，根据不同年龄段学生的身心发展特征开发的。如一、二年级开设以获取基本知识、初步认识中华传统文化为目标的传统节日、谚语歇后语等课程；三、四、五、六年级开设以获取知识，感受中华传统文化的魅力为目标的二十四节气、民族风情、传统服饰文化、中医药基础等课程；七、八、九年级则结合阅读课开设以提升探究能力，领悟传统文化内涵为目标的书画艺术红楼民俗文化、城市文化寻根等课程。每个阶段层层递进，前一个阶段是后一个阶段的基础，后一个阶段是前一个阶段的深化和发展，逐步提高要求和难度。整个课程体系在各年级目标和内容彼此关联的过程中得到系统化。

各年级的课程内容作为"拓展型课程"在每周一节的民俗课上实施。同时教师根据各年级的民俗课内容，设计每个学期的"研究型活动课程"，包括各年级开展的基于课程的社会实践和学校开展的"中华文化节"系列活动。

（二）实施方式多样，以提升合作能力建立文化认同

从低年级的传统节日、谚语歇后语，到中年级的二十四节气、民族风情，再至高年级的红楼文化、城市文化寻根，民俗课每周只有一个课时，但非常受学生欢迎。因为我们在开发和实施的过程中，首先考虑到的是学生的身心发展特点、兴趣爱好和自我发展的需求，想要最大程度满足学生的学习需求。

在"拓展型课程"实施的过程中，教师设计了各种有趣有效的学习方式，包括小组合作探究学习、主题项目式学习、演讲演练等方式，给学生自由发挥的空间和机会，充分调动了学生的积极性和创造性，使学生通过体验和互动，感知民俗文化的魅力。而每个年级的"研究型活动课程"中的社会实践和"中华文化节"系列活动，都与民俗课课程内容紧密相连。

依托上海及其周边丰富的人文资源，教师以主题式项目学习的模式引导学生近

距离地体验和运用课堂上所学的民俗知识。一、二年级的中华传统节日、谚语歇后语的课程,通过主题式研究和生活化体验,让民俗深入学生内心,并引导他们发掘民俗文化在日常生活中的渗透,发现中华民族固有的情感和思想。三年级学习二十四节气时,顺应自然节律,春分竖蛋、立夏斗蛋、小满读书、谷雨点豆,在"学"与"做"的过程中,进行生活体验、生活观察,愉快地习得民俗知识,生动地体验民俗文化。五、六年级的中医、民族服饰和八、九年级的红楼民俗文化及城市文化寻根的课程,贴合学生的学习能力和特性,我们通过探究性学习和社会实践活动的方式,让学生在自主寻找资料、完成计划和任务单的过程中体验民俗文化的博大精深,最后在调查报告的完成中,以走进生活、走进社会大众的方式,挖掘出民俗文化背后的价值和现实意义,最终获得对民族文化的高度认同感。

（三）新型评价引领,以获得学习乐趣积淀文化底蕴

与基础型课程相比,民俗课程强调激发学生的学习兴趣,满足学生的学习需求,而民俗课程实施方式多种多样,囊括了基本知识的普及、小组合作探究、作品的展示、项目总结演示和基于课程的实践等,这也使得这门课程的考核方式和评价方式等不可再局限于单一的书面考查模式。

教师在实施课程时将学生背景、已有的学习经验和已有的能力和兴趣考虑进来,且重视过程性评价。每一位学生都能在学习的过程中,找到展示自我的机会。学生也可以根据自身的发展设计,对课程进行深入了解和学习。特别是探究性学习、项目式学习成为主流,学习方式得以改变,这就要求教师在教学过程中为学生的个性化发展留足空间。

每个年级根据课程内容和实施方式,制定不同的考核方式:作品展示、项目演讲、研究报告……教研组为不同的考核方式设计了对应的多维评价表格,不仅考核学生的听说读写、公共演讲、作品展示等能力,也考查学生在团队合作、时间管理、人际交往等方面的能力,让学生在新型多维评价的引领下,在民俗课程的学习中,学会提升自我,体会学习乐趣,丰厚文化底蕴。

民俗文化是中华传统文化重要的组成部分。随着历史的前行和社会的发展,一部分民俗文化已渐渐失去其生存土壤。尽可能地保护好传统民俗文化,是我们每一个炎

黄子孙的心之所向。我们的学生，如果要成为具有国际理解能力的学生，了解并热爱自己的民族文化是不可或缺的前提要件。祈愿通过民俗课程的学习，学生能感受到中华传统文化的博大精深，构筑起健康的民族文化心理，自觉成为中华优秀文化的继承者和传播者。

中华文化博大精深，本书只涉及到中华优秀传统文化之一隅。编入本书的课程属于我们的"华夏寻根系列"文化课程，这一系列课程是一至九年级阅读课程的拓展，也是对"传统经典系列"文化课程的补充。欢迎大家联系我们dinglaoshi2010@yeah.net交流赐教。囿于编者的学识能力，书中如有失当之处，敬请大家批评指正。

上海市民办平和学校
融合课程语文教研组长

2017年9月

# 一年级
## 中华传统节日

### 一、课程目标

1. 了解多种多样的中华传统节日，认识到它们是我国悠久历史文化的一个重要组成部分。

2. 学习传说和民间故事，知道中华传统节日的由来和相关的风俗。

3. 感受中华传统节日在当今社会的影响，理解传统节日在我们生活中的意义。

### 二、课程内容和结构

（一）课程内容

中华传统节日多种多样，是我国中华悠久历史文化的一个重要组成部分。从远古先民时期发展而来的中华传统节日清晰地记录着中华民族丰富而多彩的社会生活文化内容。自2008年起，在国家法定节假日中，新增了清明、端午、中秋三个传统节日。

一年级学生要学习的中华传统节日主要有：元旦、春节、元宵节、清明节、端午节、中秋节、重阳节。

（二）课程结构

1. 拓展型课程

一年级民俗文化课的日常教学主要根据每个月份涉及的传统节日展开。针对每个传统节日，主要围绕以下几个方面展开学习：①节日简介；②该节日的具体日期；③该节日的由来；④节日的民间传说或神话故事；⑤节日风俗或习俗等。

2. 研究型课程

（1）根据传统节日的内容，结合语文教材和课外书籍中的相关古诗，指导学生以"诗配画"的形式完成作品，以图文并茂的形式来表现。这一活动，锻炼了学生对古诗内涵的理解，又以作画的方式激发了学生的创造力，深化对所学的相关节日的理解。

（2）鼓励所有一年级学生参加"重阳节书法大赛"，在欣赏重阳诗文的同时，展现自己书写汉字的能力。

## 三、课程安排

民俗文化课程为学习中华传统节日，安排每周一节课，每学期十八课时，每学年三十六课时。

## 四、课程实施

（一）拓展型课程的实施

1. 民俗文化课程的教学内容是以中华的阴历日期为主线，学习相关的中华传统文化。

2. 中华传统节日课程的教学形式为：

（1）学生课前收集资料

在学习一个中华传统节日前，学生需要回家搜集与这个节日相关的资料，如：节日的具体日期、节日的起源、节日的形成与发展、节日故事、节日风俗和节日传承等。

（2）学生上台分享学习

课堂上学生上台交流自己收集的资料。学生根据所学的传统节日，准备相关民间故事或神话故事，上台进行两分钟分享，教师根据学生分享的情况给出评价。（具体标准详见评价表1-1）

（3）教师精讲

教师根据学生的分享，补充必要的内容，如传说、由来、风俗等。

（二）研究型课程的实施

根据传统节日的内容并结合语文教材内和课外书籍中的相关古诗，学生以"诗配画"的形式完成作品。这一活动，既锻炼了学生对古诗内涵的理解，又以作画的方式激发了学生的创造力，深化学生对所学相关节日的理解。

例1：学生学习清明节这一传统节日时，在了解了清明节的历史和由来之后，结合唐朝诗人杜牧的《清明》这首古诗来学习，学生对清明节的含义有了更进一步的理解。因此，在"诗配画"上学生有了自己独特的视角，每个孩子都能画出自己理解的《清明》图。（见附件图片）

例2：在学习重阳节这一传统节日时，除了课堂上学生上台分享各自准备的重阳节由来、重阳节故事、重阳节习俗等内容外，还从两个班级内选出近三分之一的学生在升旗仪式上作演讲，让更多的师生来感受重阳节的魅力。同时，鼓励所有学生参加中华文化节之"重阳节书法大赛"，从诗词的角度来领略重阳之美，展现自己书写汉字的能力。

## 五、课程评价

（一）拓展型课程的评价

一年级的民俗课程有一套完善的评价考核体系。在每学期的期中和期末，民俗课的评价考核分为作品展示（30%）、参与书法大赛（30%）和课堂表达（讲故事，40%）三部分内容，纳入民俗课的总分中。每个学生在学期开始会了解到民俗课三项考核内容，确定自己感兴趣的主题内容后，做详细的资料搜集和讲故事的准备工作。最后，结合在课堂上展示的作品情况进行考核。

（二）研究型活动课程的评价

研究型课程的评价采用师生共同投票、请书法教师投票等形式进行多元性的评价。

例1：作品展示——在班级内展示出所有学生的诗配画作品，隐去学生名字，在所有学生作品上标注编号，师生根据"表1-1 一年级作品评价表"来逐项打分，成绩优异者给予当众鼓励和嘉奖。

例2：课堂表达（讲故事）——学生根据自己开学时选择的相关民俗节日进行资料的准备和分享。（具体评价请参照评价表1-2）

**表1-1　一年级传统节日作品评价表**

| 考核项目 | 评分标准 | | | | | 得　分 |
|---|---|---|---|---|---|---|
| | 5 | 4 | 3 | 2 | 1 | |
| 作品内容 | 版面整洁干净。诗文抄写漂亮，无错字。格式正确 | 版面整洁。诗文抄写认真，无错字。格式正确 | 版面整洁。诗文抄写较认真，无错字。格式正确 | 版面整洁。诗文抄写字词大小不一，无错字。格式正确 | 未按要求完成作品 | |
| 美观程度 | 作品整洁，字迹端正，彩色配图清晰，能正确反映诗文表达内容，作品美观 | 作品整洁，字迹端正，彩色配图能正确反映诗文表达内容 | 作品整洁，字迹端正，有彩色配图，能部分反映诗文内容 | 字迹较端正彩色，有简单明了的配图 | 字迹较端正，配图无法清晰表达诗文的内容 | |
| 重点突出 | 配图布局合理，能重点突出关键诗句的意境。色彩层次鲜明 | 配图有布局，能重点突出关键诗句的意境。色彩层次稍欠缺 | 配图有布局，能重点突出关键诗句的意境 | 配图部分能体现诗文的内容 | 配图无法体现诗文的内容 | |
| 创新设计 | 配图是原创，画面设计合理，层次清晰，在突出重点诗句的意境上有独到之处 | 配图是原创，画面设计合理，能较好地突出重点诗句的内容 | 配图是原创，画面设计合理，能较好地表现诗句的内容 | 配图是原创，能表现诗句的内容 | 配图毫无设计感 | |
| 合计得分 | | | | | | |

## 表1-2 一年级传统节日讲故事评价表

| 考核项目 | 评分标准 | | | | | 得分 |
|---|---|---|---|---|---|---|
| | 5 | 4 | 3 | 2 | 1 | |
| 仪容仪表 | 表情自然、自信微笑；站姿端正 | 表情较自然；站姿端正 | 表情稍紧张；站姿较端正 | 表情紧张；站姿不端正，有小动作 | 东张西望，身体摇晃，小动作很多 | |
| 表达内容 | 熟悉故事内容 | 对故事内容比较熟悉 | 了解故事内容 | 知道故事内容 | 了解故事的大概 | |
| 表达时间 | 能在规定时间内讲完完整的故事 | 能在规定时间内讲完故事 | 讲故事时间过长 | 讲故事时间不足 | 在规定时间内只能讲两三句话 | |
| 语言表达 | 语言表达流利；吐字清晰；发音准确；声音响亮 | 语言表达较流利；吐字较清晰；发音较准确；声音不够响亮 | 语言表达较流利；声音较响亮；吐字、发音有欠缺 | 语言表达欠流利；声音较轻；吐字、发音有欠缺 | 语言表达不流利；声音过轻；吐字、发音存在问题 | |
| 合计得分 | | | | | | |

**附件一** ▶ 诗配画《清明》

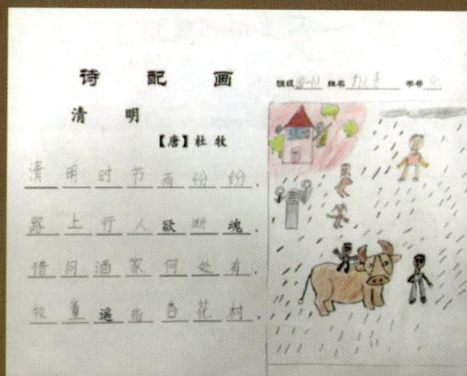

**附件二** 中华文化节之端午节书法大赛

### 2016国际部端午节书法大赛

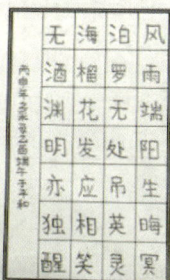

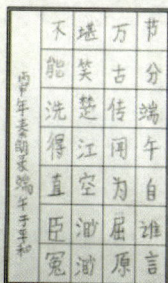

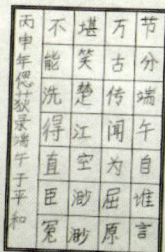

| 风 | 泊 | 海 | 无 |
|---|---|---|---|
| 雨 | 罗 | 榴 | 酒 |
| 端 | 无 | 花 | 渊 |
| 阳 | 处 | 发 | 明 |
| 生 | 吊 | 应 | 亦 |
| 晦 | 英 | 相 | 独 |
| 冥 | 灵 | 笑 | 醒 |

丙申年之夏之画端午子平和

一二年级组

### 2016国际部端午节书法大赛

| 节 | 万 | 堪 | 不 |
|---|---|---|---|
| 分 | 古 | 笑 | 能 |
| 端 | 传 | 楚 | 洗 |
| 午 | 闻 | 江 | 得 |
| 自 | 为 | 空 | 直 |
| 谁 | 屈 | 渺 | 臣 |
| 言 | 原 | 渺 | 冤 |

丙申年子梅录端午子平和

一二年级组

### 2016国际部端午节书法大赛

| 节 | 万 | 堪 | 不 |
|---|---|---|---|
| 分 | 古 | 笑 | 能 |
| 端 | 传 | 楚 | 洗 |
| 午 | 闻 | 江 | 得 |
| 自 | 为 | 空 | 直 |
| 谁 | 屈 | 渺 | 臣 |
| 言 | 原 | 渺 | 冤 |

丙申年麦朗录端午子平和

一二年级组

### 2016国际部端午节书法大赛

| 节 | 万 | 堪 | 不 |
|---|---|---|---|
| 分 | 古 | 笑 | 能 |
| 端 | 传 | 楚 | 洗 |
| 午 | 闻 | 江 | 得 |
| 自 | 为 | 空 | 直 |
| 谁 | 屈 | 渺 | 臣 |
| 言 | 原 | 渺 | 冤 |

丙申年偲竹获录端午子平和

一二年级组

2016国际部端午节书法大赛

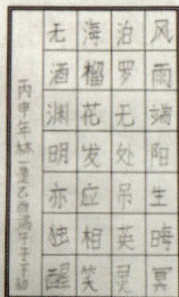

> 凤雨端阳生晦冥
> 泊罗无处吊英灵
> 海榴花发应相笑
> 无酒渊明亦独醒

一二年级组

2016国际部端午节书法大赛

> 凤雨端阳生晦冥
> 泊罗无处吊英灵
> 海榴花发应相笑
> 无酒渊明亦独醒

一二年级组

**2016 年　国际部　端午节　书法大赛　获奖作品**

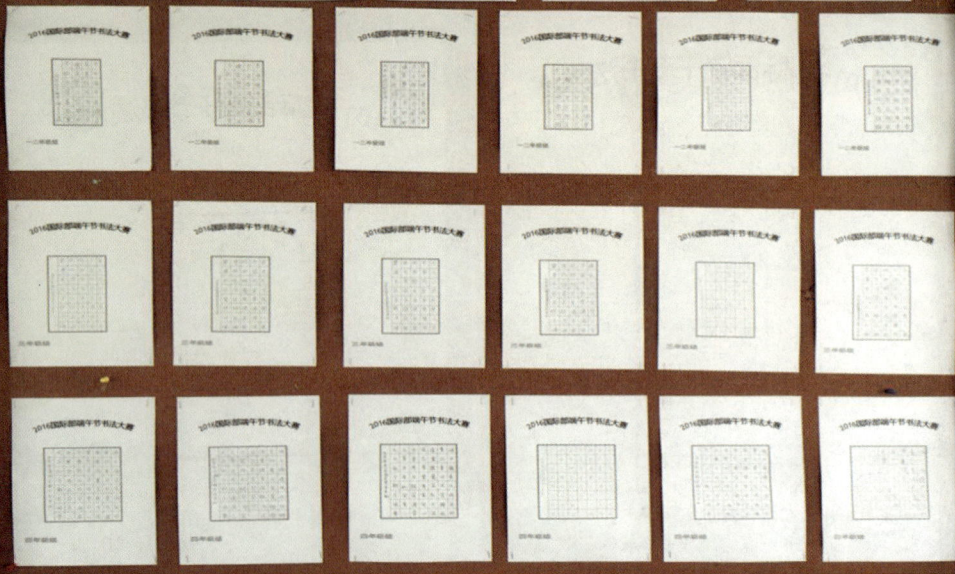

# 二年级
## 歇后语、谚语

## 一、课程目标

1. 通过歇后语谚语的学习了解中国历史，知道一些典故的由来，同时明白一些做人的道理。

2. 在教学中，把歇后语及谚语的知识性和趣味性更好地结合，从而让学生开拓眼界、增长日常生活知识，激起他们进一步学习中国传统民俗文化的兴趣。

3. 在阅读中享受快乐，在快乐中学会运用，结合阅读，根据自己的理解对歇后语进行多元化作品的创作，并运用恰当的语言展示自己的作品。

## 二、课程内容和结构

（一）课程内容

二年级学生所学习的民俗课程有歇后语和谚语两个内容。歇后语是中国人在生活实践中创造的一种特殊语言形式，前半截是形象的比喻，比如谜面，后半截是解释说明，比如谜底，十分自然贴切。歇后语具有鲜明的民族特色，风趣幽默，耐人寻味。

谚语是广泛流传于民间的言简意赅的短语，多数反映了劳动人民的生活实践经验，比较通俗易懂。我们在课堂里引进了《歇后语儿歌100首》、《谚语儿歌100首》两本教材，精选其中通俗易懂、朗朗上口且有教育意义的内容进行教学。按修辞方法来分，歇后语主要有比喻和双关两类。根据学生的年龄特点，课堂上以学习比喻类歇后语为主，比喻类的歇后语又分为谐音、喻意两大类，课堂中将进行分类教学，以便学生学习时掌握得更有层次。二年级上学期安排学生学习歇后语。谚语的类别更为丰富，分为天文谚语、农业谚语、励志谚语等，在课堂中，会对谚语进行分类教学，从而帮助学生更好地获取知识。二年级下学期安排学习谚语。

（二）课程结构

1. 拓展型课程

二年级民俗文化课的日常教学主要围绕《歇后语儿歌100首》、《谚语儿歌100首》两书中的内容展开，强调在课堂内学习语义、强化朗读、讨论经验、丰富知识。

2. 研究型课程

（1）即课外动手实践活动课程。结合歇后语学习的相关内容，安排学生互相讨论，进行创意构想，做一件歇后语的立体作品，学生互相评比。

（2）学生选择一则喜欢的谚语，做一张谚语书签，班内进行谚语展示活动。

## 三、课程安排

（一）拓展型课程

课时安排为每周一课时，每学期十八课时，每学年三十六课时。

（二）研究型课程

1. 学生利用周末时间进行歇后语作品创作，可在课后讨论材料的运用和设计的创意。学生在一学期里完成一个与歇后语相关的作品。进行作品集中评比，由教师评价。

2. 学生利用暑假进行谚语书签制作，开学后进行展览。

## 四、课程实施

（一）拓展型课程的实施

1. 二年级学生的民俗文化课程的教学内容是歇后语和谚语，具体从歇后语、谚语的特点，用法，分类，具体内容，释义等方面进行学习。

2. 歇后语的学习过程分为以下阶段：

（1）第一阶段由教师教学歇后语的特点及分类，即歇后语分为喻意歇后语和谐音歇后语。喻意歇后语前半部分是比喻，后半部分是解释。谐音歇后语的后半部分是借助音同或音近现象表达意思。分两个类别给学生做歇后语连连看的游戏，让学生以小组为单位，找出前半部分和后半部分之间的联系，用竞赛的方式让学生初步了解这一独特的语言文化，激发学习动力。

（2）第二阶段的课程以教师展示前半句，学生讨论理解句意，猜测后半句内容的形式展开，引发学生对歇后语的兴趣。

（3）第三阶段反复诵读歇后语所对应的儿歌，加强学生对该条歇后语的理解。

（4）第四阶段通过讲解某条歇后语提到的历史典故，进行课外知识延伸，从而开拓丰富学生的知识。

（5）第五阶段让学生之间互相考验，用"我说前半句、你猜后半句"的方法，增加同学间互动以及帮助彼此加强记忆。

（6）教师在语文单元小练习中增加"我会填歇后语"的内容，作为考核方法之一，集中反馈学生一个阶段的学习情况。

3. 谚语的学习模式是课堂反转，学生成为教学主体。具体实施如下：

（1）教师进行示范性教学后，学生以抽签形式，抽取书上的一条谚语，课后分别进行谚语资料的查找，了解该谚语的出处、意思、典故等内容，自行进行资料整理、整合、记录。

（2）实施"我来当老师，教同学谚语"的活动，每周三次在语文课前进行。学生模仿老师的教态，把自己查找到的资料介绍给其他学生，其他学生通过听知识、问问题、跟小老师读一读、动手在谚语收集本上记一记四个环节进行自主性学习。学生按学号顺序轮流上台，教师在旁按评价标准表进行打分评判及总结反馈。

（二）研究型课程的实施

学生在课堂上学到歇后语及谚语知识后，在学期结束前必须完成制作作品的活动体验。在活动实施过程中，学生要设计、制作、展示，把感悟和实践相结合。学生以独立完成或两人合作完成的方式设计制作歇后语的作品，课后自由讨论内容、设计方案、寻找材料、制作作品、集中展示。教师给予评价标准后，由学生共同参与评比，教师按评价标准进行打分。谚语的活动实施分为三个环节：

1. 由父母共同参与，听孩子讲一则自己喜欢的谚语并解释该谚语的意思。

2. 学生动手做一张书签，上面工整地写好这条谚语。

3. 通过谚语书签板报，集中展示大家的作品，以增强学生对待活动的认真度以及积极性。

## 五、课程评价

（一）拓展型课程的评价

在拓展型课程部分中，对歇后语学习的评价是在考试中加一部分填空题作为平时分数。谚语以学生自主上台演讲作为课堂的教学方式，并且在每学期的期中和期末考试中，课堂演讲这部分内容，会以百分之五十的比率纳入考试的总分中。（具体评价标准见表2-1）

表2-1　二年级"我当小老师"（教谚语）评价表

| 考核项目 | 评分标准 | | | | | 得分 |
|---|---|---|---|---|---|---|
| | 5 | 4 | 3 | 2 | 1 | |
| 仪容仪表 | 表情自然，自信微笑；站姿端正。能直视及环视学生 | 表情较自然；站姿端正。能做到直视及环视学生 | 表情稍紧张；站姿较端正。偶尔做到直视及环视学生 | 表情紧张；站姿不端正，有小动作。不能直视学生 | 动作不自然，身体摇晃，表情紧张，不能直视及环视学生 | |

（续表）

| 考核项目 | 评分标准 | | | | | 得分 |
|---|---|---|---|---|---|---|
| | 5 | 4 | 3 | 2 | 1 | |
| 准备内容 | 熟悉谚语内容及其含义，教学准备充分 | 对谚语内容及含义比较熟悉，教学准备较充分 | 了解谚语内容，理解含义，准备了材料 | 知道谚语内容，大概了解含义，只简单准备了材料 | 仅了解谚语内容，不理解含义，无准备材料 | |
| 语言表达 | 语言表达流利，吐字清晰；发音准确；声音响亮 | 语言表达较流利；吐字较清晰；发音较准确；声音不够响亮 | 语言表达较流利；声音较响亮；吐字、发音有欠缺 | 语言表达欠流利；声音较轻；吐字、发音有欠缺 | 语言表达不流利，声音过轻；吐字、发音存在问题 | |
| 合计得分 | | | | | | |

### （二）研究型课程的评价

研究型课程的评价以学生的两个作品（歇后语作品以及谚语书签）为考核内容，采用学生互评加老师评价的方式。学生互评环节，将由不同组的同学参照教师的评价表，给予该生一个分数，整组学生打分的平均分占该生作品分的百分之四十，教师按评价标准给出的分数占该生作品分的百分之六十，师生两个分数加在一起的总分以百分之五十的比率纳入民俗课的总分中。（具体评价标准见表2-2）

**表2-2 二年级歇后语、谚语作品 评价表**

| 考核项目 | 评分标准 | | | | | 得分 |
|---|---|---|---|---|---|---|
| | 5 | 4 | 3 | 2 | 1 | |
| 作品内容 | 包含所有要求的内容，并有一定要求以外的内容。符合该条歇后语的释义 | 包含所有要求的内容 | 基本包含所有要求的内容 | 未包含所有要求的内容 | 未按要求的内容制作作品 | |
| 美观程度 | 整洁清楚，字迹端正，配图或整个立体作品能反映文字表达内容，整份作品美观 | 整洁清楚，字迹端正，配图能反映文字表达内容 | 整洁清楚，字迹端正，有配图 | 字迹端正，有配图 | 字迹端正 | |
| 创新设计 | 设计合理，有原创内容，有创新内容 | 设计合理，有原创内容 | 设计合理 | 有一定的设计 | 毫无设计，内容层次不明 | |
| 合计得分 | | | | | | |

附件一

歇后语作品及谚语
书签作品

老牛拉破车——
慢腾腾

大姑娘坐花轿——
头一遭

老王卖瓜——
自卖自夸

竹篮打水——
一场空

热锅上的蚂蚁——
急得团团转

萝卜白菜——
各有所爱

大水冲了龙王庙——
一家人不认一家人

猪鼻子插葱——
装象

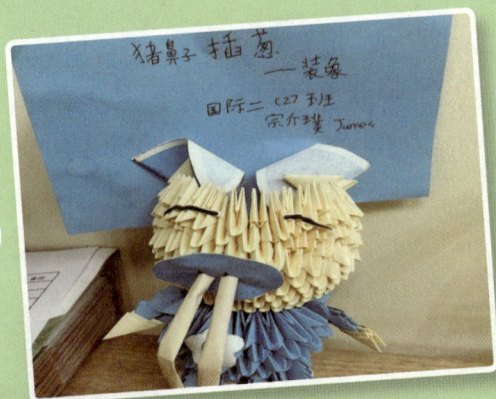

狗撵鸭子——
呱呱叫

大水冲了龙王
庙——一家人不认
一家人

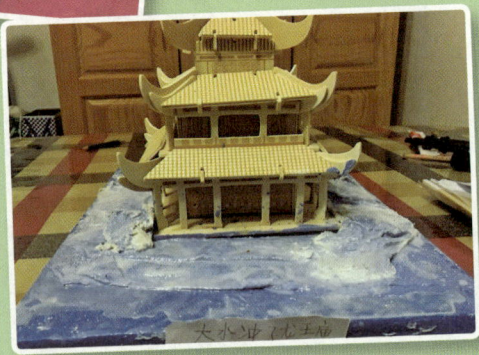

热锅上的蚂蚁——
　　急得团团转

井里的蛤蟆——
　　没见过大世面

老鼠贪油——
　　眼前光

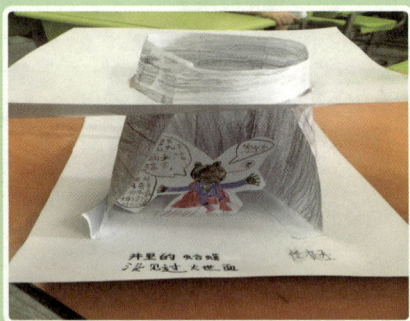

井里的蛤蟆——
没见过大世面

学如逆水行舟——
不进则退

台上三分钟 台下十年功
书山有路勤为径 学海无涯苦作舟
多个朋友多条路 多个冤家多堵墙

## 三年级

## 二十四节气

## 一、课程目标

1. 知道有关二十四节气的基本知识，了解与二十四节气相关的民俗与文化，体会劳动人民的经验积累和智慧结晶。

2. 以小组合作形式进行研究学习，学会收集和整理相关资料，并以演讲等形式展现对中国传统节气文化的认识，提高团队合作学习能力。

3. 感受自然的变化，增加亲近自然的机会，增强热爱自然、热爱中华民族优秀传统文化的情感。

## 二、课程内容和结构

（一）课程内容

三年级的民俗文化课程为二十四节气，该课程融知识性、实践性、综合性、探究性为一体。

二十四节气是反映季节变化和指导农事的重要历法，是中华传统文化的载体，体现了中国人传统的大自然观。学生在了解各节气相关内容的基础上，以体验各种民俗活动等方式开展拓展活动。课程参考书：《我的二十四节气》。

课程包括春、夏、秋、冬四个版块。每一个节气学习以下几个方面：

节气 时间　　谚语 古诗　　七十 二候　　天文 气候

民俗 节日　　动物 植物　　农事 活动

（二）课程结构

1. 拓展型课程

三年级在每周的中华文化课上以小组形式参考《我的二十四节气》学习研究各节气，以演讲和板报形式进行展示。

2. 研究型课程

研究型课程以学习者的实践体验为主。学生根据特定节气，选择并进行民俗文化与生活相结合的体验活动，以习作等方式记录。

## 三、课程安排

三年级的民俗文化课程内容为探究学习二十四节气，课时安排为每周一课时，每学期十八课时，每学年三十六课时。

## 四、课程实施

（一）拓展型课程的实施

三年级的民俗文化课程教学内容为二十四节气。具体从节气时间、天文气候、七十二候、谚语古诗、民俗节日、动物植物和农事活动等方面进行探究。学生通过分组形式，选择一个节气，并搜集查找其特点和相关内容，筛选整理资料，待到上课时，小组以演讲和板报形式在课堂交流。教师要注意培养学生自主性学习的能力，提高学生搜索整合信息的能力，同时培养学生的沟通和团队合作意识，激发学生对中华传统民俗的兴趣，使学生更好地传承中华民族传统文化。教师要力求使教学内容与中文课互相促进和渗透并与学生的实际生活相结合，重视学生学习经历和经验，确立学生在学习中的主体地位。因此，课程主要有合作探究课、自主学习课、讲授讨论课等实施方式。具体实施时分为以下三个环节：

1. 活动前

活动的开展是以学生为中心的，因此学生将以小组为单位，在组内分配每个人所要查找的各节气相关资料，再进行筛选与整合。教师会根据学生所找的资料进行辅导与解析。

2. 活动中

学生就所有节气相关内容与资料进行板报设计，并熟悉内容。每周在班级进行一个节气的多个小组的演讲和板报展示。

3. 活动后

学生和老师进行提问、评价交流、总结反馈。

（二）研究型课程的实施

依托拓展型课程，进行研究型课程的教学。课程主要分为演讲和板报形式的展示交流以及传统习俗的活动体验。在实施体验课的过程中，要注重学习和体验、感悟和实践的过程。（可参阅附件一至附件八）

实践体验课的活动主要有：观察不同节气时的各种植物，并进行相关实践，如谷雨前后，一起种瓜点豆；了解相关物候知识，学会做植物名片；使用温度计，记录每天的温度，画气温曲线图；设计二十四节气游戏棋；开展春分竖蛋活动；开展立夏斗蛋活动。

实践体验课的实施分为以下三个环节：

1. 活动前

选择特定传统民俗活动，将民俗课程内容与美术、生物等相结合。如立夏节气，学生在美术老师的指导下，用彩线编织网袋，自带各种不同的蛋来体验立夏传统习俗——斗蛋。

**2. 活动中**

学生在节气当日，体验该节气传统习俗活动。如立夏当天，学生将各自准备的蛋装入网袋，在老师的指导和带领下进行斗蛋比赛，并将整个过程记录下来，写成习作。这样，学生不仅体验了民俗活动，还训练了中文写作能力。

**3. 活动后**

教师对民俗体验活动进行评价反馈和总结，并对之后的民俗活动制定改进措施。

## 五、课程评价

**（一）拓展型课程评价**

三年级民俗课程设计了一套评价考核体系。每学期的期中与期末，以课堂演讲与板报作品展示的形式进行考核（见表3-1、表3-2）。两项内容各占百分之五十，成绩将汇入期末总评，登记在成绩报告册上。每个学生在每学期开始时可以了解到两项考核内容的截止日期。学生确定小组以及要研究的节气，进行详细的搜索研究工作。学生在截止日期内，于课堂上做汇报演讲与板报交流。考核评价将采用多元性方式，学生将通过互评以及教师评价获得分数。

**（二）研究型课程评价**

民俗活动体验课将请学生、家长和老师都参与到评价中。每个活动后，将有各节气小组完成互评，家长与老师再进行反馈总结。

传统习俗体验课评价也可采用体验者与观众反馈的形式展开。最终结果将体现在期末成绩报告册上。

表3-1 三年级二十四节气小组演讲评价表

| 考核项目 | 评分标准 | | | | | 得分 |
|---|---|---|---|---|---|---|
| | 5 | 4 | 3 | 2 | 1 | |
| 仪容仪表 | 有目光交流；表情自然，自信微笑；有配合的肢体语言 | 偶有目光交流；表情较自然；肢体语言自然 | 鲜有目光交流；表情较紧张；站姿端正自然 | 表情紧张；站姿不正，有小动作 | 东张西望；身体摇晃，小动作很多 | |

（续表）

| 考核项目 | 评分标准 | | | | | 得分 |
|---|---|---|---|---|---|---|
| | 5 | 4 | 3 | 2 | 1 | |
| 演讲内容 | 准备充分；二十四节气内容充实；主题明确；有互动设计 | 准备较充分；二十四节气内容较充实；主题较明确；能有互动 | 演讲有准备；有内容；有主题；鲜有互动 | 准备不足；内容较简单；主题不明确；无互动 | 准备较少；内容过于简单；主题不明 | |
| 结构与时间 | 结构完整；控制时间合理 | 结构较完整；时间较合理 | 有一定的条理；时间过长 | 有一定的条理；时间不足 | 条理不够清楚；时间安排不合理 | |
| 语言表达 | 语言表达流利；吐字清晰；发音准确；声音响亮 | 语言表达较流利；吐字较清晰；发音较准确；声音不够响亮 | 语言表达较流利；声音较响亮；吐字、发音有欠缺 | 语言表达欠流利；声音较轻；吐字、发音有欠缺 | 语言表达不流利；声音过轻；吐字、发音存在问题 | |
| 演示文稿设计 | 版式有设计；文字清楚；会恰当运用多媒体（有音乐或动画）；演示稳定 | 版式有设计；文字较清楚；使用了多媒体（有音乐或动画）；演示较稳定 | 版式有设计；字体较清楚；演示较稳定 | 版式设计简单；字体大小需调整；演示过程不够稳定 | 版式设计太简单；字体不恰当；演示故障多发 | |
| 合计得分 | | | | | | |

### 表3-2 三年级二十四节气板报作品评价表

| 考核项目 | 评分标准 | | | | | 得分 |
|---|---|---|---|---|---|---|
| | 5 | 4 | 3 | 2 | 1 | |
| 作品内容 | 包含所有节气内容，并有一定要求以外的内容 | 包含所有节气内容 | 基本包含所有节气内容 | 未包含所有节气内容 | 未按要求内容制作板报 | |
| 美观程度 | 整洁清楚，字迹端正，配图能反映文字表达内容，整份作品美观 | 整洁清楚，字迹端正，配图能反映文字表达内容 | 整洁清楚，字迹端正，有配图 | 字迹端正，有配图 | 字迹端正 | |
| 重点突出 | 详略分配得当，重点内容清楚标明 | 详略分配得当，有重点内容 | 详略分配得当 | 有详略之分 | 无详略之分 | |
| 创新设计 | 设计合理，层次清晰，有原创内容，有创新内容 | 设计合理，层次清晰，有原创内容 | 设计合理，层次清晰 | 设计合理 | 毫无设计，内容层次不明 | |
| 合计得分 | | | | | | |

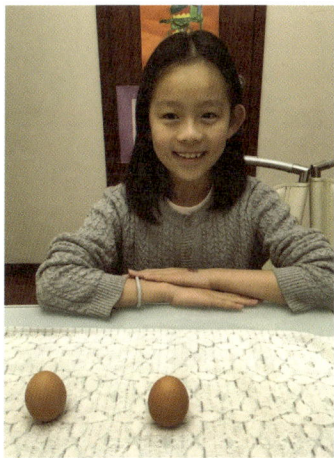

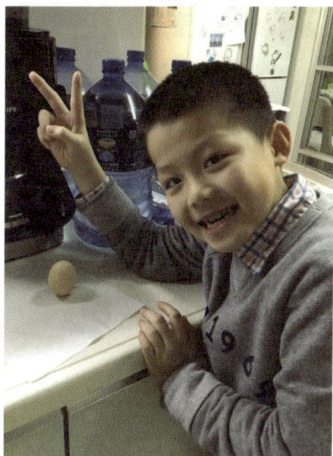

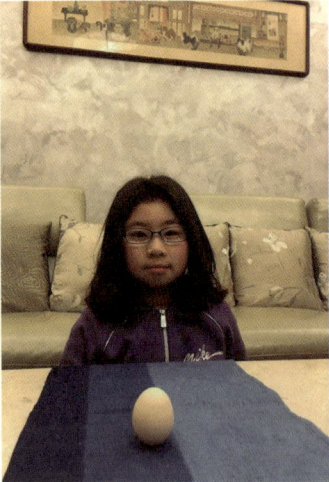

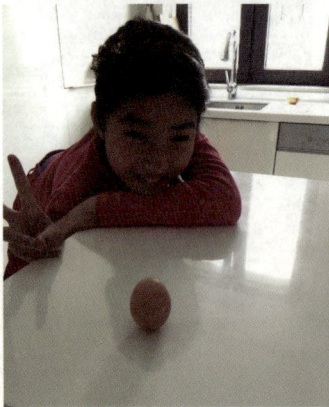
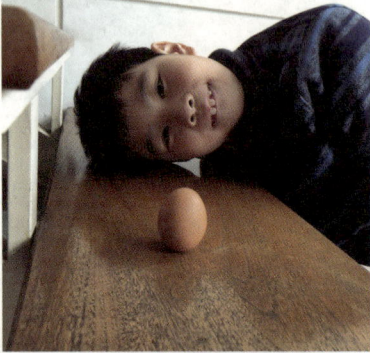

**附件二** 谷雨点豆

谷雨

点豆

**附件三** 　　立夏斗蛋

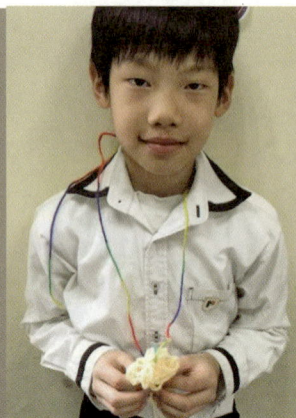

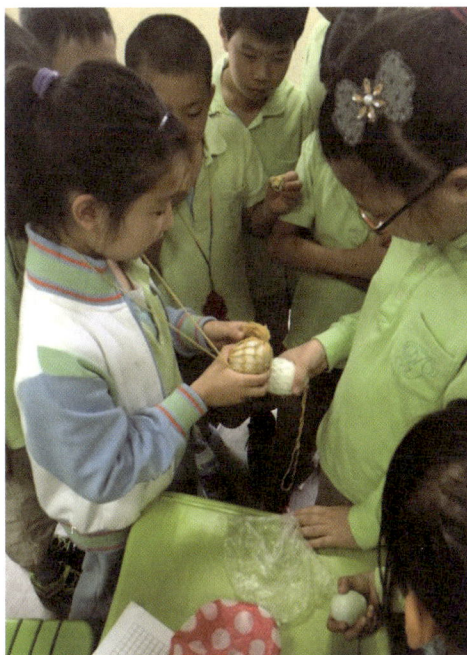

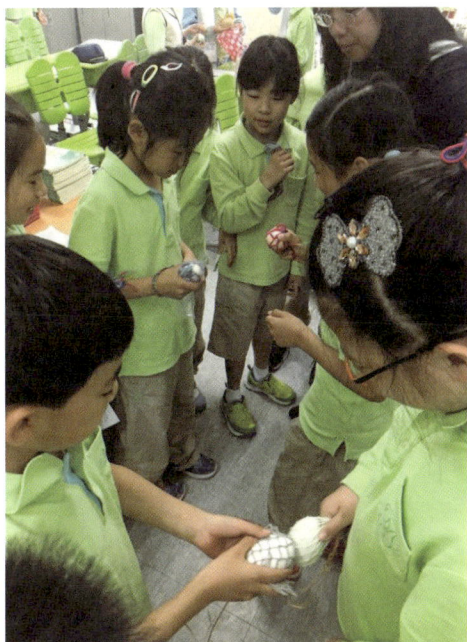

# 立夏节，来斗蛋
## ——民俗课程二十四节气体验活动

徐遥

　　立夏当天，校门口出现了一些身挂五彩丝线网袋的同学们，他们的网袋里装着大大小小的蛋，引得众人纷纷驻足。这些学生们将体验二十四节气传统习俗——立夏斗蛋，这是融合课程部三年级民俗文化课的体验活动之一。

　　为了培养同学们学习中华传统文化的兴趣，国际部语文组在《走进中华传统文化课程》的基础上又开设了民俗课程。学生在民俗课程中将了解并体验：传统节日、谚语及歇后语、二十四节气、楹联艺术及民族风情、民族乐器、中医常识、服饰文化、书画艺术、红楼民俗文化和寻根上海等等。

　　三年级的民俗课程重点研究的是二十四节气。同学们以小组为单位，对二十四节气进行了研究性学习，其中包括节气时间、谚语古诗、七十二候、天文气候、民俗节

日、动物植物、农事活动等。

自古以来就有"立夏斗蛋吃蛋"的习俗。有一句谚语："立夏胸挂蛋，孩子不疰夏。"语文课上，我们根据这一习俗，举行了一场生动有趣的斗蛋比赛。我们将语文课程与美术课程相结合，同学们在美术老师的指导下，亲手将五彩丝线编织成网袋。立夏当天，大家带来了各种各样的蛋，有鸡蛋、鸭蛋，还有鹅蛋，装在网袋里挂在胸前，迫不及待得要互相比试一番。

丁老师要求同学们在比赛过程中，仔细观察大家的动作，感受自己的心理活动和比赛气氛，以便在赛后记录下这个独特的民俗体验。

比赛开始了，大家既期待又紧张，两两面对面站好，一边互相观察着对方的蛋，一边小心翼翼地捧着自己的蛋。丁老师发号施令后，同学们拿着蛋用力互相撞击，直到一方的蛋破壳为止。最后胜出的就是"蛋王"。随着"咚咚"和"咔嚓"的声音，经过三轮激烈的比拼，一个个蛋在同学们的呼叫声中都破了，但是他们却乐在其中。虽然输了比赛，但是斗破的蛋就可以下肚了。

将民俗文化和生活相结合的立夏斗蛋体验活动，不仅培养了学生学习传统文化的兴趣，而且提高了学生学习的积极性。

三年级学生在体验节气习俗的同时，其他年级也组织了基于民俗课程的社会实

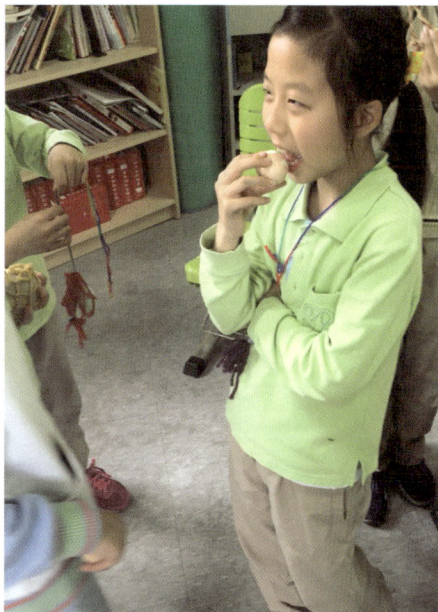

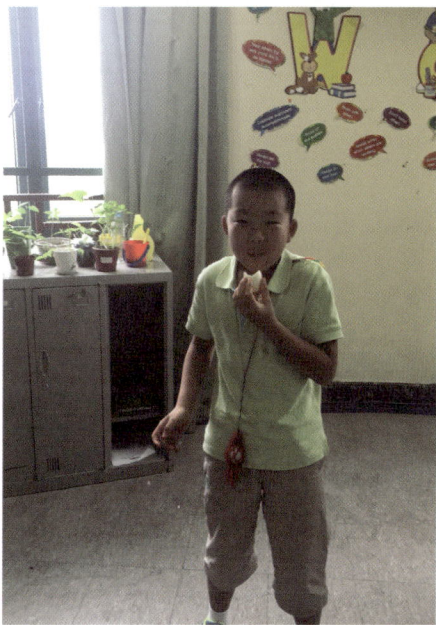

践活动。比如，六年级的中草药和中医文化的社会实践，八年级的探"红楼文化"之旅，九年级的寻根上海活动……

孔子曰："我欲载之空言，不如见之于行事之深切著明也。"只有真切体验并用心感受，才能更好地传承中华民族传统文化。

# 有趣的斗蛋

作者：李嘉祺

今天是立夏，我们在语文课上玩了一个有趣的游戏——斗蛋。

同学们把蛋放在网袋里挂在胸前来到学校。大家编制的网袋五彩缤纷、大小不一，有红的，有蓝的，有的歪歪扭扭。大家的蛋也各不相同，有鸡蛋，有鸭蛋，有人还带了鹅蛋。

比赛开始了，我的对手是陶敬之。他的蛋是鸡蛋，我的是鸭蛋，我信心满满，认为自己一定能赢。"一二三，开始！"丁老师叫道。"我打！"陶敬之用他的蛋向我的蛋砸来。"妈呀！"我连忙闪开，太迟了，他的蛋击中了我的蛋，万幸的是，我的蛋毫发无损，他的蛋出现了一条口子。

第二个回合，我的对手变成了邱子珊，我觉得她挺有信心的。比赛一开始，她就向我的蛋冲过来，我连连躲闪，可是最终还是没有躲过，"呼！"我的蛋碎了。

总决赛开始了，双方分别是郑驭涛和孔德锜。一阵敲打声过后，郑驭涛的蛋掉了块壳，孔德锜成为了冠军。

比赛一结束，丁老师就说可以吃蛋了，可惜我的蛋太咸了。这个游戏很好玩，明年我还要玩。

# 斗蛋

作者：刘海宁

今天是立夏，你知道立夏有一个有趣的习俗叫斗蛋吗？我们在语文课上玩了这个游戏。

同学们把蛋放在他们亲手编织的网袋里挂在胸前。大家的网袋五彩缤纷，漂亮极了！有的是红的，有的是黄的，还有的是彩色的。大家带来的蛋也各不相同，有鸡蛋，有鸭蛋，居然还有同学带来鹅蛋。

第一轮开始，我跟小赵面对面站好。他手上拿着的是鸡蛋，我手上拿着的也是鸡蛋，我们势均力敌。我信心满满，心想："肯定是我赢，我的鸡蛋看起来就比他的鸡蛋结实一些……"正在想时，丁老师说："一、二、三，游戏开始！"我双手小心翼翼地捧着蛋，想慢慢撞，反正他的蛋不是很结实，一下子就坏了，不要自己把自己的蛋弄坏了。但是小赵好像不是这样想的。他举起蛋，用力一撞，"咔"一声，我俩的蛋两败俱伤。我们只好去当观察员。

第二轮开始了！小邱和小李站在一排，小邱胸有成竹，而小李紧张得脚发抖。斗蛋开始了，小邱撞，小李躲，这样重复了好几遍，趁小李不注意，小邱把蛋砸向小李的蛋，他们的蛋也同时破了。

最后一轮开始了！只剩下两个人了，分别是小孔和小涛。全场安静下来了，期待知道谁是最终的胜利者。突然听到"咔"的一声，小涛的蛋坏了。那么最终的胜利者是小孔！

当丁老师说坏了的蛋可以吃的时候，我们兴奋地欢呼起来！斗蛋游戏真好玩！

附件六 学生板报作品

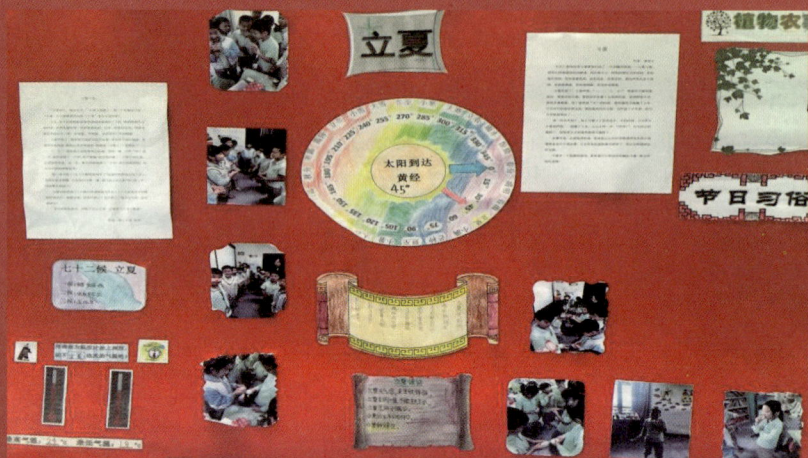

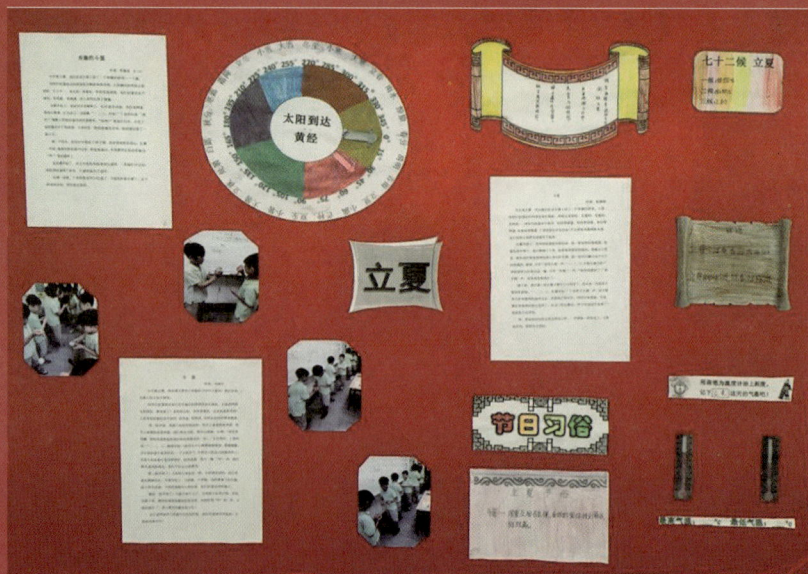

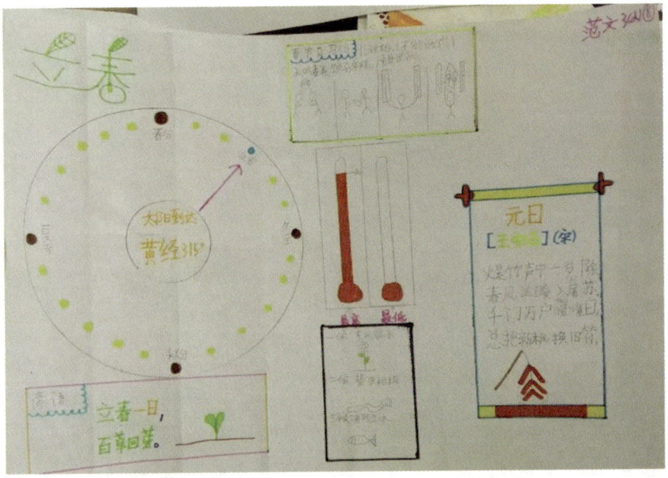
立春
太阳到达
黄经315°
元日
爆竹声中一岁除，
春风送暖入屠苏。
千门万户曈曈日，
总把新桃换旧符。
立春一日，
百草回芽。

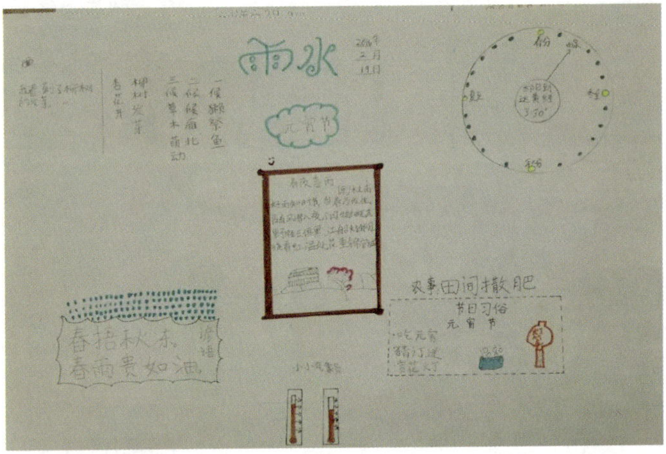
雨水
元宵节
农事田间撒肥
节日习俗
春捂秋冻，
春雨贵如油

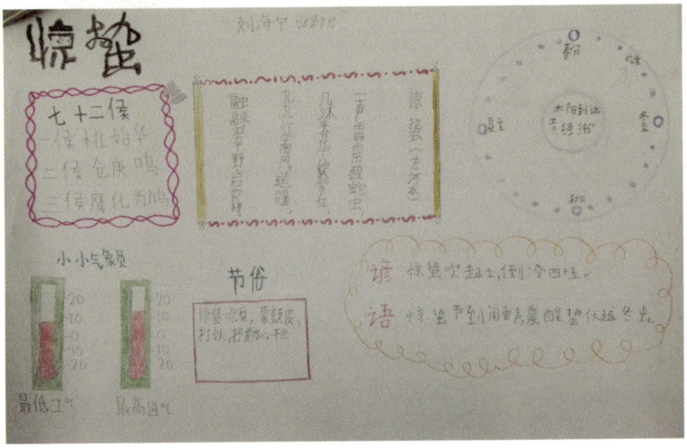
惊蛰
七十二候
一候桃始华
二候仓庚鸣
三候鹰化为鸠
小小气象员
节俗
谚 惊蛰吹起土，倒冷四十五。
语 惊蛰节到闻雷声，震醒蛰伏越冬虫。

春分

二候：雷乃发生
三候：始电

二十四候（其三候）（六到九候）

古诗

《七绝·苏醒》
春分雨脚落声微，
柳岸斜风带客归。
日落杜鹃啼遍晚，
可知春色在芳菲。

2016 年
03 月
20 日

谚语
春天孩子脸会放晴又降雾会雨，清成灾。香曝充氣變做大水。

小小气象员
最低 1℃    最高 20℃

农事：蔬菜播种期好
工俗
1. 竖蛋
2. 吃春菜
3. 送春牛
4. 粘雀子嘴
5. 春祭

By Helen, Katherine, Ariel

二十四节气 立夏

晓 出净慈寺送林子方 阚杨万里
毕竟西湖六月中
风光不与四时同
接天莲叶无穷碧
映日荷花别样红

谚语
立夏干湿月，细大雨沐棉。
立夏蛇出洞，准备快防洪。

立夏

小小气象员
最高24℃    最低 20℃

春分
太阳达到黄经45°

七十二候
一候王瓜生
二候蚯蚓出
三候蝼蝈鸣

二十四节气——秋（上）

立秋　处暑　白露

二十四节气——秋（下）

秋分　寒露　霜降

朱墨言 三(6) 12号

秋老虎
人们把立秋后短期回热的天气叫做"秋老虎"

10~22℃
8月7~9之间

立秋

二十四节气·秋(上)

满阶梧桐月明中，
时起秋声百感中。
一杯新熟屠苏酒，
乳燕巢成鳞引雏。

立秋
宝莹明翔

早上立了秋
晚上凉飕飕

桃子熟
桃子表面有很多绒毛，如果碰到皮肤就会使皮肤发痒，所以，摘完桃子记得先把手中的绒毛都洗干净，再美美享用吧！

人工降雨
北方早晚虽然凉爽，人们明显感受到一丝秋天气，南方仍然感受到"秋老虎"的威力。

8月22~24之间

长江二首 (其二) 杜甫

处暑

处暑天不暑
炎热在中午

鹰捕食
秋天天黑，田野上活跃的老鼠野兔以及天上的鸟儿，都会成为老鹰的捕食对象。

9月7~9之间

白露

衰荷 (唐) 白居易
白露凋花花不残，凉风吹叶叶初干。无人解爱萧条景，绕绕衰丛一匝看。

白露身不露
早晚要加衣裳

鸿雁南飞
"八月初一雁门开，鸿雁南飞带霜来。"敏感的昆虫也能感觉到温度的变化。

露水现
"白露秋分夜，一夜凉一夜"

朱墨言 三(6)班 12号

天气
白天秋高气爽，夜晚气温骤降，是一年中昼夜温差最大的时期。

9月22~23日之间

秋分

失眠

秋分三候
一候，雷始收声，二候，蛰虫培户，三候，水始涸。

二十四节气·秋(下)

寒露

10月8~9之间

寒露不露，期内受冻

寒露三候
一候，鸿雁来宾，二候，雀入大水为蛤，三候，菊有黄华。

霜降
10月23~24日之间

霜降见霜
谷米满仓

荷叶囊

百草枯

霜时三候
一候，豺乃祭兽，二候，草木黄落，三候，蛰虫咸俯。

**附件七** 学生小组合作演示文稿

**附件八 | 二十四节气知识竞赛**

## 一、介绍知识竞赛规则

1. 这节中华文化民俗课，我们要进行一次"二十四节气"知识竞赛，看看大家对去年学习的二十四节气掌握了多少。

2. 我们的比赛分为必答题、抢答题和讨论题三个部分。

3. 比赛分成三个队举行，你们可以给自己的队伍取一个名字，想一句口号。（讨论3分钟）

## 二、必答题

规则：每题20分，答对得20分，答错或答不出不扣分。

1. 请背诵《二十四节气歌》。

2. 春季有哪几个节气？ （立春、雨水、惊蛰、春分、清明、谷雨）

3. 夏季的节气？ （立夏、小满、芒种、夏至、小暑、大暑）

4. 秋季的节气？ （立秋、处暑、白露、秋分、寒露、霜降）

5. 冬季的节气？ （立冬、小雪、大雪、冬至、小寒、大寒）

6. 每个季节共有几个节气？ （6个）

7. 惊蛰是什么意思？ （惊醒冬季蛰伏的动物）

8. 惊蛰往往伴随着怎样的天气？ （天气转暖，春雷滚滚）

9. 哪个节气后来成为了一个民俗传统节日？ （清明）

## 三、抢答题

规则：每题20分，听到"开始"后抢答，答对得20分，答错或答不出扣20分。违反抢答规则扣20分。

1. 春季是从哪个节气开始的？　　　　　　　　　　　　　　　（立春）

2. "春分"、"秋分"中的"分"是指什么意思？　　　　　　　（平分）

3. "春分"、"秋分"，太阳的直射点在哪里？　　　　　　　（赤道）

4. 代表最热和最冷的两个节气分别是？　　　　　　　　（大暑、大寒）

5. 农作物的籽粒开始饱满，但还没有完全成熟，是哪一个节气？　（小满）

6. "春分"这个节气，我们可以做一个有趣的活动，是什么？　（竖蛋）

7. "立夏"这个节气，有什么习俗或有趣的活动？　　（挂蛋、斗蛋、称人等）

8. 二十四节气起源于哪个区域？　　　　　　　　　　　（黄河流域）

9. 表示降水开始，雨量增多的节气是什么？　　　　　　　　（雨水）

## 四、讨论题

1. 关于节气的谚语，你知道哪些？请写出来，并说出意思。（5分钟小组讨论，说出一条得10分）

2. 和节气相关的古诗，你知道哪些？请背一背。（5分钟小组讨论，背出一条得10分）

3. 请你写出某一个节气的三候，并说说意思。（5分钟小组讨论，说出某个节气的三候并解释清楚得20分）

## 五、总结

## 四年级

## 民族风情

## 一、课程目标

1. 感受中国少数民族文化，加深对中华传统文化的认同感，树立民族文化自信心。

2. 初步感受中国主要少数民族鲜明的民族个性，影响深远的民族变迁史，独特的文化体系、文化发展模式和表现形式。

3. 激发内在学习潜能，以作品形式表达对中国主要少数民族文化的认识，寻找并加深自身的民族认同感和归属感。

## 二、课程内容和结构

（一）课程内容

四年级民俗文化课的内容是民族风情。学生在课堂中学习并感受中国主要少数民族的文化，其内容包括但不限于所学民族的简要历史、语言文字、传统服饰、建筑风格、音乐舞蹈、趣味习俗等。在活动课程中，学生体验各少数民族的特色文化。在课后，学生需以作品形式展示对所学民族的简单认识。

（二）课程结构

1. 拓展型课程

拓展型课程即日常教学活动。四年级民俗文化课的内容围绕各少数民族传统文化展开，在课堂内进行学习和讨论。

2. 研究型课程

（1）社会实践活动课程

结合拓展型课程中对各个少数民族的文化的学习与了解，组织学生前往青浦的上海民族文化村参观，游览傣族竹楼、白塔，体验彝族火把节，欣赏苗族芦笙表演，品尝蒙古族奶茶等，以体验所学少数民族文化。

（2）中华文化节汇报演出

设计"少数民族风情"场景，在中华文化节的汇报演出中，向各年级学生通过表演展示蒙古族、傣族、侗族、朝鲜族等的特色文化。

## 三、课程安排

（一）拓展型课程

四年级的民俗文化课程内容为中国各大少数民族传统文化的相关学习与讨论，课时安排为每周一课时，每学期十八课时，每学年三十六课时。

（二）研究型课程

1. 社会实践活动课程

该活动课程为依托拓展型课程展开的延伸型课程，以学生体验和探究为主。赴上海民族文化村的体验活动是本课程的重要组成部分。在该课程活动中，学生将根据老师事先设计好的问卷，结合拓展型课程中所学到的知识和民族文化村内展示的各民族文化的内容，完成一系列资料收集和问卷回答，并最终以小组的形式在期末考试中进行汇报。

2. 中华文化节汇报演出

在学部的中华文化节中，四年级学生在民俗体验馆内设计"少数民族风情"场景的展示。在该体验馆内，学生设计或向各年级学生展示蒙古族建筑——蒙古包、蒙古族运动——摔跤、朝鲜族食品——泡菜、傣族节日——泼水节、傣族舞蹈——孔雀舞、侗族音乐——侗族大歌。

## 四、课程实施

（一）拓展型课程的实施

1. 教学内容

四年级民俗风情课程，每课时学习一个少数民族的主要文化。课程教学内容丰富，涵盖范围广泛。学生将在课堂内学习到不同少数民族的简要民族历史演变、语言文字的形成及其环境、传统服饰的特点、民族特色音乐舞蹈、趣味民族习俗；感受中华文化的海纳百川、博大精深；讨论和探究各民族文化之间的相互影响、共同促进、和谐统一。

2. 教学形式

拓展型课程的教学形式以老师讲授、学生提问、师生共同讨论的形式为主。主要教学方式包括课件展示、播放音乐和影片、课堂讨论、课后研究和作品展示。

3. 教学过程

拓展型课程的教学过程以学生学习、提问、讨论和总结为主。在老师讲授完该民族的主要特色文化之后，学生在老师的引导下，对该民族特色文化进行提问与讨论，最后总结归纳出该民族主要特点。拓展型课程的学习通过期末考试时的作品展示来考核。

（二）研究型课程的实施

研究型课程的实施是拓展型课程内容的延伸。学生通过对拓展型课程内所学知识的亲身体验，加深对少数民族文化的认识和对中华传统文化的认同。

1. 社会实践活动课程

（1）活动实施前

学生分小组学习老师布置的活动任务单，根据任务单内容共同复习拓展型课程中所学习的内容，并分配好活动中每个组员所负责的任务。

（2）活动实施中

具体活动分为课堂内小组汇报和民族文化村内各小组所负责的民族进行介绍。

在课堂内，每个小组结合老师布置的学习单和在拓展型课程内所学内容，做简单的"民族简介"，并组织其他学生对讨论题进行探究。

在民族文化村内，每个小组负责相应的民族体验内容的简介，并帮助其他小组的同学共同完成对应内容的学习单填写。

（3）活动实施后

各小组进行活动成果汇报，总结整个活动中的收获和不足之处。依据学生学习水平和反馈撰写四年级民俗课程研究报告。

2. 中华文化节汇报演出

（1）活动实施前

确定体验馆展示的少数民族文化内容，根据报名情况将学生分为若干组，每组负责展示一个少数民族特色文化。学生根据分配的内容撰写介绍词、排练歌舞、准备相关道具。

（2）活动实施中

在体验馆内，各小组向其他年级学生展示自己所准备的内容：

○ 蒙古族建筑——蒙古包

○ 蒙古族运动——摔跤

○ 朝鲜族食品——泡菜

○ 傣族节日——泼水节

○ 傣族舞蹈——孔雀舞

○ 侗族音乐——侗族大歌

通过展示，学生能够加深对所学知识的理解和感悟，同时也提高了他们的活动组织能力、团队协作力和艺术领悟力。

（三）活动实施后

教师对整个展示活动进行反思总结和评价反馈，收集各年级师生对汇报演出的建议，并加以总结和提炼，制定下一阶段教学的改进措施方案。

## 五、课程评价

（一）拓展型课程的评价

四年级民俗课的评价考核形式为作品展示。学生按要求在截止日期内选择本学期拓展型课程中所学习过的一个民族，完成一份作品并上交。作品要求手写、手画，需包括该民族的简单介绍，如历史、服饰、习俗、名人等。该成绩占期末考试成绩的10%。

（二）研究型课程的评价

1. 社会实践活动课程的评价

社会实践活动课程的评价采用学生互评、教师师评定和家长反馈的形式进行，是多元过程性的评价。学生互评按小组形式进行，由其他小组打分；教师根据每个小组的学习单完成情况、演讲情况、成果汇报情况、在民族文化村内的介绍情况和每个学生的表现进行评定。

2. 汇报演出的评价

汇报演出的评价主要采用以观众反馈为主的形式展开。

### 表4-1　四年级民族风情作品评分标准

| 考核项目 | 评分标准 | | | | | 得分 |
|---|---|---|---|---|---|---|
| | 5 | 4 | 3 | 2 | 1 | |
| 作品内容 | 包含所有要求的内容，并有一定要求以外的内容 | 包含所有要求的内容 | 基本包含所有要求的内容 | 未包含所有要求的内容 | 未按要求的内容制作作品 | |
| 美观程度 | 整洁清楚，字迹端正，配图能反映文字表达内容，整份作品美观 | 整洁清楚，字迹端正，配图能反映文字表达内容 | 整洁清楚，字迹端正，有配图 | 字迹端正，有配图 | 字迹端正 | |
| 重点突出 | 详略分配得当，重点内容清楚标明 | 详略分配得当，有重点内容 | 详略分配得当 | 有详略之分 | 无详略之分 | |
| 创新设计 | 设计合理，层次清晰，有原创内容，有创新内容 | 设计合理，层次清晰，有原创内容 | 设计合理，层次清晰 | 设计合理 | 毫无设计，内容层次不明 | |
| 合计得分 | | | | | | |

李珈乐

▶ 薛亦周

▼ 嵇梵茜

◀ 方悦洲

▼ 2015 年四（1）班

**五年级**

# 中医药基础

1. 了解中国医药的历史渊源与发展情况，认识历史上为中医药发展作出贡献的主要人物，了解中医药知识的重要著作，激发对中国传统医药知识的学习兴趣，感受中医药的独特性和优越性。

2. 通过活动感受中医药与人们生活的密切关系，正确认识求诊的过程，了解有效问答对求诊的作用，对自身的饮食、行为、作息习惯有全新的认识。

3. 继续培养学生制作小报和演讲的能力，挖掘学生的探究潜能，加强学生的人际交往能力，提高学生的人文素养与语文素养。

**二、课程内容和结构**

（一）课程内容

五年级的民俗文化课主要围绕着传统中医药基础知识展开，包括中医与中药两大部分。在介绍完中医药的概况后，教师以四诊为切入点对中医部分进行讲解，围绕医生的诊治过程，帮助学生了解中医的阴阳五行学说，以及五行相生相克的关系，采用活动形式，让学生学习舌诊与脉诊。中药部分的讲解重点在于帮助学生初步了解四气五味的理论，让学生通过观看中药采摘、炮制等环节的影像资料，理解中药在中国人生活中的作用。教师侧重引导学生理解中国传统医学中人与自然的和谐统一的观念。

（二）课程结构

1. 拓展型课程

即日常教学活动。五年级民俗文化课的日常教学主要以教师讲授为主，以多媒体资料展示为辅，由学生联系自身生活经验，进行课堂讨论。

教师在课堂实践活动中引导学生结合所学的中医药基础理论知识与自身的就诊经验，在课堂上进行简单的中医观察诊断活动。

2. 研究型课程

即社会实践活动课程。结合在课堂上学习的中医药基础知识，组织学生在张江的中医药博物馆中进行探索之旅。学生在参观博物馆陈列的中医药书籍、器械和模型后，回答相应的民俗知识问题，再以小组探究的形式，了解百草园中植物的药性，并制作相应的演示文稿，进行演讲汇报。

### 三、课程安排

（一）拓展型课程的安排

五年级的拓展型课程内容是中医药基础知识，课时安排为每周一课时，每学期十八课时，每学年三十六课时。

另外包含课堂实践活动，每学期两课时课堂实践活动。以拓展型课程内容为依托，以学生的实践操作为主，理论与知识相结合，进行实践活动。

（二）研究型课程的安排

研究型课程主要为外出参观活动，以学生探究和调查为主，参观中医药博物馆与百草园是活动的主要内容。学生结合课堂学到的理论知识，亲自接触中医器具，感受中医诊治方法，观察常用中药的植株与标本，以小组活动的形式，针对抽中的主题进行资料收集与分析，向同学汇报自己的收获。

## 四、课程实施

（一）拓展型课程的实施

拓展型课程主要以演示文稿展示知识要点，教师讲解分析，学生参与讨论的形式来实施。

1. 教学内容

主要包含如下内容：第一，了解中医的来源与中医的发展历程；第二，认识多位对中医发展起着重要作用的名医，学习名人故事；第三，了解中医的阴阳五行学说，对五行相生相克的关系有初步的认知；第四，了解中医四诊以及四气五味理论；第五，采用活动的形式学习四诊；第六，从中医角度，对日常饮食和生活作息进行审视与反思；第七，了解中药的制作与饮用方法，在挖掘文化内涵的同时正确认识合理的饮食与作息制度。

2. 教学形式

拓展型课程的教学形式有展示知识要点、教师讲授分析、师生互动讨论、学生小组合作、学生记录知识要点等，主要的教学方式包括：课件展示、实物展示、影片播放、课堂讨论、课后研究、作品展示等。

3. 教学过程

在拓展型课程教学过程中，教师应将每个知识点与学生的实际生活相联系，多给学生发言讨论的机会。在讨论的过程中，应帮助学生理解知识并找出自己感兴趣的切入点，收集信息，再提炼表达，归纳出自己的探究主题，从而使学生在期中和期末，能够以小报或演讲的方式，向大家展示自己的学习成果。

课堂实践活动采用小组合作的形式，部分内容需要理论联系实际才会有更好的学习效果，因此需要学生课前充分预习，初步了解课堂内容。课堂上教师进行讲解，学生深入学习，随后学生组成小组，相互观察交流，以求在实际操作过程中，完成知识习得的过程。

（二）研究型课程的实施

依托民俗文化课拓展型课程展开的研究型课程，主要形式为外出参观调查。问卷设置与小组活动调查表，能帮助学生有效地将课堂上积累的中医药知识与实际参观活动中的见闻相结合。活动过程以学生的实践和体验为主，教师的指导建议为辅。可触可感的展品，可丰富学生的体验。小组协作调查的过程，可培养学生之间协调合作的能力；回归课堂的总结展示，可培养学生的语言表达能力。（活动方案见附件一）

外出参观调查的活动实施，主要分为以下三个环节：

1. 活动实施前

鉴于学生处于小学高年级阶段，在外出前，教师首先对参观地点进行了探访，并选择与课堂教学内容结合紧密、实用性强的相关内容，设计问卷与调查主题。同时，学生自由组成小组，在活动时用抽签的形式决定百草园中调查的主题。

2. 活动实施中

根据调查问卷的内容，活动共分三个环节。首先，学生在百草园以小组形式分散活动，由组长与组员共同讨论如何完成抽到的主题，并分工合作，进行书面和影像资料的记录。其次，按照小组活动完成的先后顺序，前往博物馆参观，在此期间完成个人问卷。最后，先完成的学生来到脉诊模拟展示区，进行脉诊实践，在模拟机器上学习四种脉象，并尝试自己判断。

3. 活动实施后

活动评价由两个部分组成。其一为问卷的打分，根据事先设定的答案进行；其二为活动主题成果汇报，学生小组合作完成调查报告后，制作演示文稿并在教室内进行主题演讲，与同学分享调查成果。最后教师进行点评，让学生分享活动得失。（小组活动项目见附件二、个人项目见附件三）

## 五、课程评价

（一）拓展型课程的评价

考核形式有两种。期中为个人制作专题小报，学生根据半个学期所学习的中医药知识，在此范围内选择一个感兴趣的点，课后个人进行深入的探究，制作一份以此为主题的小报，在班内展示。小报要求主题明确，文字清晰，内容丰富，加入美工。期末安排学生制作以中药为主题的演示文稿，同时进行开卷加闭卷的测试，考查学生课

堂听讲的情况与调查研究的能力。评分按照评分标准进行。（知识测试卷见附件四）

（二）研究型课程的评价

考查学生问卷完成情况和演示文稿的制作能力，问卷部分直接打分，合作项目由小组成员上台演讲，并且由其他学生对小组汇报的成果进行打分。（打分标准见表5-1）

表5-1　五年级中医药基础知识演讲评价表

| 考核项目 | 评分标准 | | | | | 得分 |
|---|---|---|---|---|---|---|
| | 5 | 4 | 3 | 2 | 1 | |
| 仪容仪表 | 有目光交流；表情自然，自信微笑；有配合的肢体语言 | 偶有目光交流；表情较自然；肢体语言自然 | 鲜有目光交流；表情较紧张；站姿端正 | 表情紧张；站姿不正，有小动作 | 东张西望；身体摇晃，小动作很多 | |
| 演讲内容 | 准备充分；内容充实；主题明确；有互动设计 | 准备较充分；内容较充实；主题较明确；能有互动 | 演讲有准备；有内容有主题；鲜有互动 | 准备不足；内容较简单；主题不明确；无互动 | 准备较少；内容过于简单；主题不明 | |
| 结构与时间 | 结构完整；时间合理 | 结构较完整；时间较合理 | 有一定的条理；时间过长 | 有一定的条理；时间不足 | 条理不够清楚；时间安排不合理 | |
| 语言表达 | 语言表达流利；声音响亮，吐字清晰；发音准确； | 语言表达较流利；声音不够响亮，吐字较清晰；发音较准确； | 语言表达较流利；声音较响亮；吐字发音有欠缺 | 语言表达欠流利；声音较轻；吐字发音有欠缺 | 语言表达不流利；声音过轻；吐字发音存在问题 | |
| 合计得分 | | | | | | |

附件一　　中医药博物馆实践活动方案

| 周 | 第　　周 | 年级 | 五年级 |
|---|---|---|---|
| 日期 | 年　月　日 | 学科 | 语文 |
| 时间 | 8:00am—11:45am | 课程 | 中华民俗课<br>——中医药基础知识 |
| 地点 | 上海中医药博物馆 | 教师 | |
| 主要目的 | | | 通过对中医药博物馆的参观，具体了解传统中医的传承和发展；近距离观察中药材实物和标本；亲身体验中医脉诊的方式；更直观地感受中医药文化的独特魅力。 |
| 学习目标 | | | 1. 认识中国历史上著名的中医药大师。<br>2. 了解重要的中医药典籍。<br>3. 认识常用的中医药实用工具。<br>4. 观察针灸铜人上标明的人体穴位。<br>5. 使用专业的仪器感受脉象变化，并尝试诊断脉象。<br>6. 通过对中草药说明的解读，了解中草药对人体和疾病的作用。 |
| 活动准备事项 | | | 1. 学校：学校将安排巴士来接送学生和老师。（中医药博物馆位于浦东新区蔡伦路1200号）<br>2. 学生：学生只可以携带一小瓶水前往博物馆，在馆内活动期间不建议喝水。每个学生需要准备一个文件夹和一支笔，用来记笔记及完成老师布置的实践任务。一个小组允许携带相机一台。<br>3. 教师：本次活动由　　　老师和　　　老师带队。<br>4. 课时安排：整个上午（5节课）。 |
| 活动评价 | | | 学生将完成小组活动项目和个人活动项目的报告，成绩会作为本学期民俗课的重要评分依据。 |
| 学科准备 | | | 通过民俗课的学习，学生已经对中医药的发展、代表人物、典籍、中医四诊、中药四气五味等有所了解。 |
| 活动安排 | | | 经过讨论和沟通，由于中医药博物馆在9点开馆，所以把附属的百草园作为活动第一站，学生将近距离观察中草药实物，并带着任务寻找指定植物。在第二站中医药博物馆将有一位中医药专业的学生作为讲解员，带领全体学生参观中医药博物馆的主体部分，然后学生对自己感兴趣的展品进行重点研究。在此期间，不同的小组分别前往互动体验区，学习脉诊知识，最后提交报告。（1）前往百草园，进行小组竞赛，针对给出的病例，找到相应适合的药物，并记录药性说明。（2）在讲解员的带领下，学生参观中药博物馆的主要展品，同时完成个人项目部分。（3）学生自由参观后，按照小组，轮流前往二楼的互动体验馆，进行诊脉体验，并尝试判断脉象。（4）前往三楼药物博物馆，寻找几种常用的中药标本。 |
| 后续活动 | | | 学生将在活动后的民俗课上，交流自己的作品，并讨论中医药基础学习对自己的影响。 |

**附件二** 中医药博物馆实践报告一（小组合作项目）

姓名：＿＿＿＿＿＿＿＿＿

用时：＿＿＿＿＿＿＿＿＿

抽签项目：＿＿＿＿＿＿＿＿＿

一、根据抽签的要求完成练习。（拍下植物的照片）

| 植物名称 | 药性、季节等相关信息 |
|---|---|
|  |  |
|  |  |
|  |  |

二、拍摄几张小组内成员在百草园寻找药物时的照片以及合影。

三、拍摄一张你们认为最有趣的植物照片，并记下它的说明。

四、抽签项目

1. 找出三种可以止咳的植物，说说它们的区别；

2. 找出三种可以止血的植物，说说它们的区别；

3. 找出三种寒性的植物，说说它们的区别；

4. 找出三种酸味的植物，说说它们的区别；

5. 找出三种杀虫的植物，说说它们的区别；

6. 找出三种有毒的植物，说说它们的区别。

附件三    中医药博物馆实践报告二（个人项目）

姓名：_____

一、填空题

1. 外科手术器械是 _____ 代的展品。

2. 赵太丞家医馆的格局来自宋代名画。他家门上的对联是 _____

_____，_____。

3. 博物馆入口处的浮雕上书写着的三个大字是：_____、_____、_____。

4. 在展区内有一幅清康熙四年的图：_____，标明了人体的各个

穴位。

5. 一楼展厅的象牙雕像所展示的是 _____、_____、_____等中医药起源时

期的重要人物。

6. 在展区，你见到的名医画像有 _____、_____、_____等。

7. 写下你见到的一本中医典籍：书名 _____，作者_____，印制年

代 _____。

8. 在医药加工的过程中，令你印象最深刻的工具是 _____。

9. 整个博物馆中最古老的一件展品是 _____（年代）的 _____（展品名称）。

二、在博物馆中找到两件你最感兴趣的展品，标明它的位置，记下它的讲解信息，并解释你关注它的原因。

| 展品名称 | 位置和信息 | 关注原因 |
|---|---|---|
| 1. | | |

| 展品名称 | 位置和信息 | 关注原因 |
| --- | --- | --- |
| 2. | | |

三、在互动体验区，找一台脉象机，通过实践感受，尝试自己确诊一种脉象。（由教师判断正误）

评价：第一次尝试（　　　）　　　第二次尝试（　　　）

四、在中药标本馆中寻找一味你曾经吃过或听过的药材，记下它的药性等信息。

| 药材名称 | 药性 |
| --- | --- |
| | |

五、在中药标本馆中寻找一味你认为最令人出乎意料的药材，记下它的药性等信息。

| 药材名称 | 药性 |
| --- | --- |
| | |

附件四 > 中华民俗课中医药基础知识测试题（开卷、闭卷、附加题）

## 试卷一 · 闭卷部分（20分）

姓名： _____          得分： _____

### 一、选择题（10分）

1. "药王"是 _____。

    A. 李时珍          B. 张仲景          C. 宋慈

    D. 孙思邈          E. 扁鹊

2. "法医之祖"是 _____。

    A. 李时珍          B. 张仲景          C. 宋慈

    D. 孙思邈          E. 扁鹊

3. 著名作品《伤寒论》的作者是 _____。

    A. 李时珍          B. 张仲景          C. 宋慈

    D. 孙思邈          E. 扁鹊

4. 《本草纲目》的作者是 _____。

    A. 李时珍          B. 张仲景          C. 宋慈

    D. 孙思邈          E. 扁鹊

5. 不包括在中医四大典籍中的作品是 _____。

    A.《黄帝内经》          B.《洗冤集录》          C.《伤寒论》

    D.《脾胃论》          E.《本草纲目》

### 二、判断题（10分）

1. 为了利于保存丸药，我们在丸药外面涂上了蜡，为了保持药效直达肠胃，在吃

的时候，我们要把外面的蜡一起吞下去，才能发挥作用。　　　　　（　　）

2. 散剂是外用的，所以受伤的时候要拆开一包，倒在伤口上，帮助治疗。

（　　）

3. 辛味可以发散、活血，所以不建议在晚上吃。　　　　　　　　　（　　）

4. 甘味就是甜味，吃了能够使人心情好，所以在心情不好的时候，多吃糖，大量地吃糖，就能消除一切烦恼。　　　　　　　　　　　　　　　　　　（　　）

5. 三焦中，心脏属于下焦范围。　　　　　　　　　　　　　　　　（　　）

## 试卷二·开卷部分（30分）

姓名：＿＿＿＿＿＿＿＿＿＿＿＿　　　　　　得分：＿＿＿＿＿＿

一、填空题（20分）

1. 三国时期的名医 ＿＿＿＿＿＿ 发明了"麻沸散"和最早的运动体操——＿＿＿＿＿＿，他的名作是 ＿＿＿＿＿＿，可惜没能流传下来。

2. 被称为"针灸之祖"的是 ＿＿＿＿＿，他的作品 ＿＿＿＿＿ 至今还是人们学习中医的重要典籍。

3. 五行中木对应的脏器是 ＿＿＿＿＿ 和 ＿＿＿＿＿。水对应的脏器是＿＿＿＿＿和 ＿＿＿＿＿。金对应的脏器是＿＿＿＿＿和 ＿＿＿＿＿。

4. 四诊是指"＿＿、＿＿、＿＿、切"。

5. 当我们见到一个病人时，如果要了解他肝脏的情况，就要搭他 ＿＿＿＿手的脉象，要了解他肺的情况，就要搭他 ＿＿＿＿ 手的脉象。

6. 药物的四气是 ＿＿＿＿、＿＿＿＿、＿＿＿＿、＿＿＿＿。

二、简答题（10分）

1. 如果一个人的身体丰满而柔软，皮肤又偏白，我们会认为他身体能量的阴阳情况是什么？（5分）

_____

2. 五行之间是相生相克的，请写出它们之间具体的关系。（5分）

_____

_____

_____

三、附加题

1. 胡庆余堂的店训是"_____"。（3分）

2. 简答：一味药的说明上写着：苦、寒。请简述其含义。（5分）

_____

_____

_____

_____

## 附件五 学生优秀中医小报作品

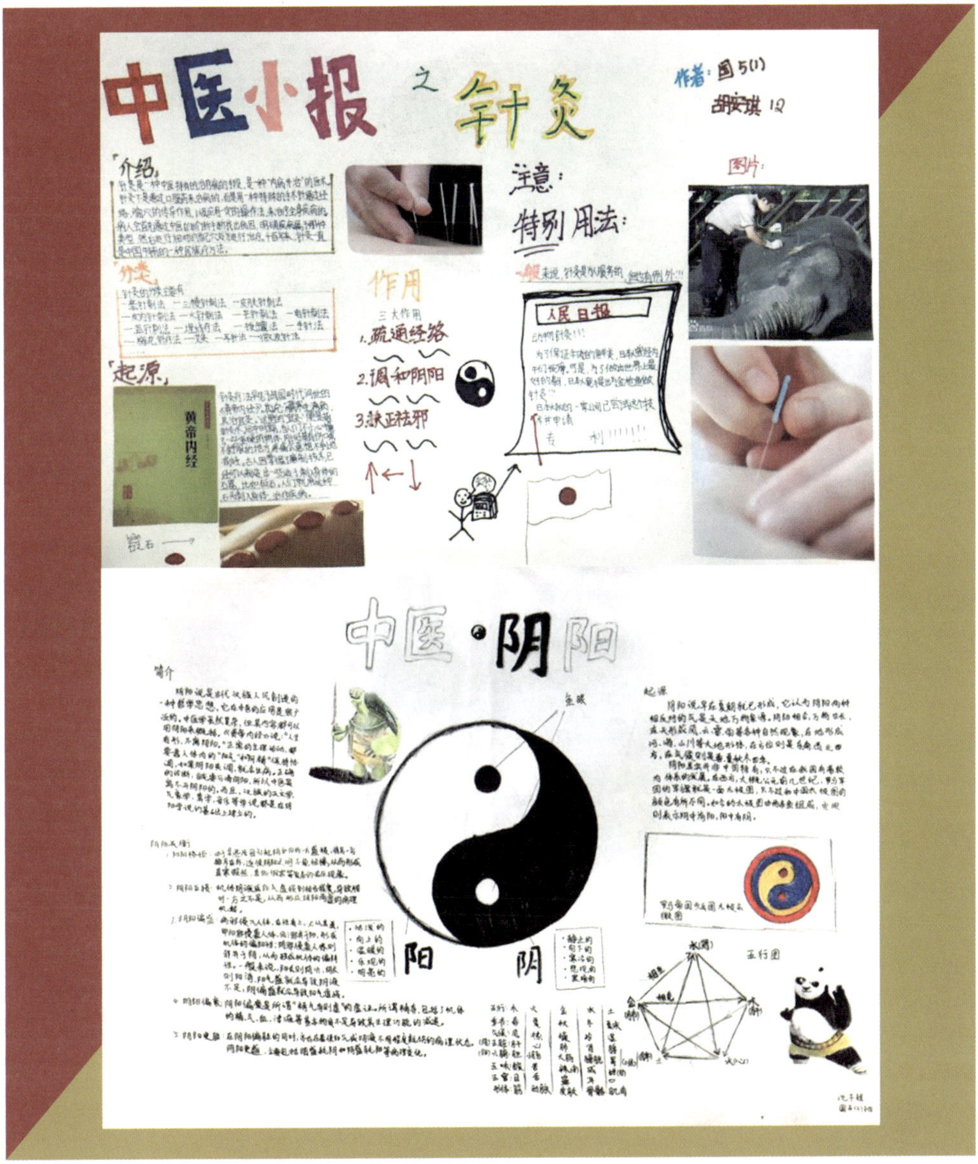

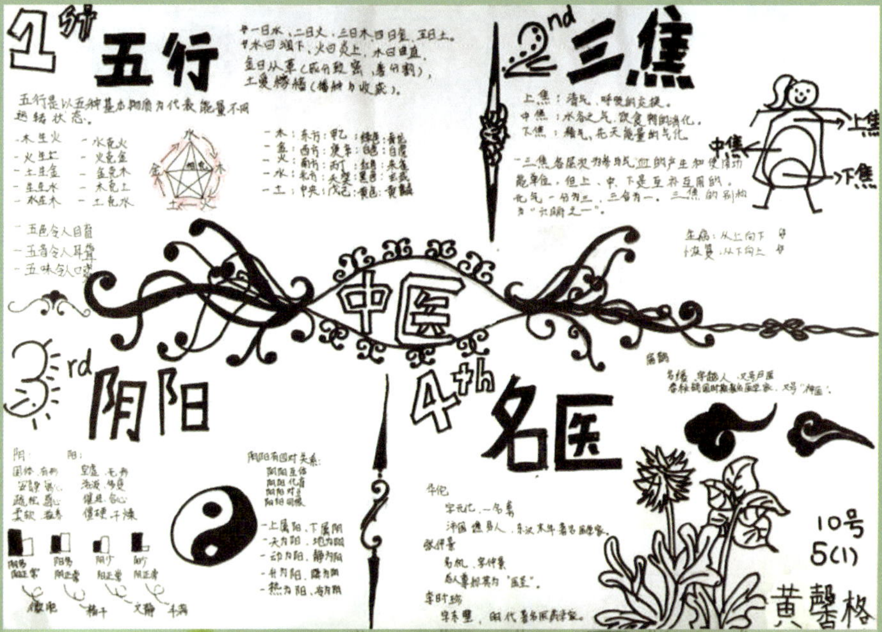
五行
三焦
中医
阴阳
名医
10号
5(1)
黄馨格

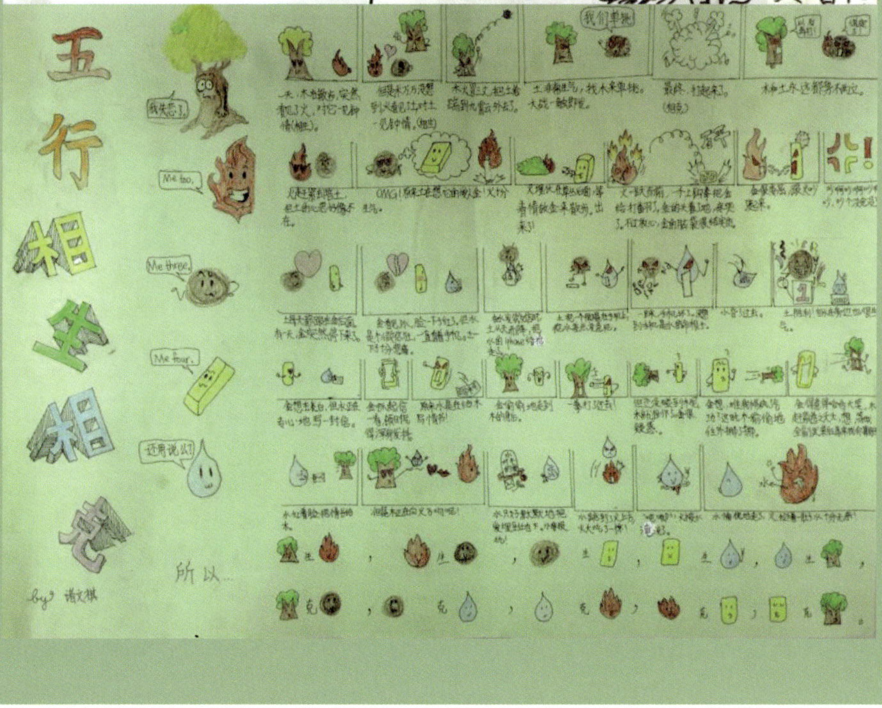
五行相生相克
所以…

问题1
什么是五行呢？
五行是指木、火、土、金、水五种构成物的属性本质，它强调整体概念，描画事物的运动形式及转化关系。

金──金属
木──植物
水──液体
火──热能
土──土地

木生火　木干暖生火
火生土　火灰生土
土生金　土藏生金
金生水　金销容为水
水生木　水润养生木

帳·五行

金克木　因刀锯可伐木事物
木克土　因木柱抓入土里
土克水　因土堤可阻拦水流
水克火　因水可熄灭火
火克金　因烈火可熔化金属

作者：鲍很奕
五四班

"中医"
人们对五行相生的理解：
金：金生水
水：水生木
木：相生
火：火生土
土：土生金

五行之病
心（火）
肺
肝（木）
脾
肾

五行
人们对五行相克的理解：
金：金克木
木：木克土
水：水克火
土：土克水
火：火克金

五行　人体图

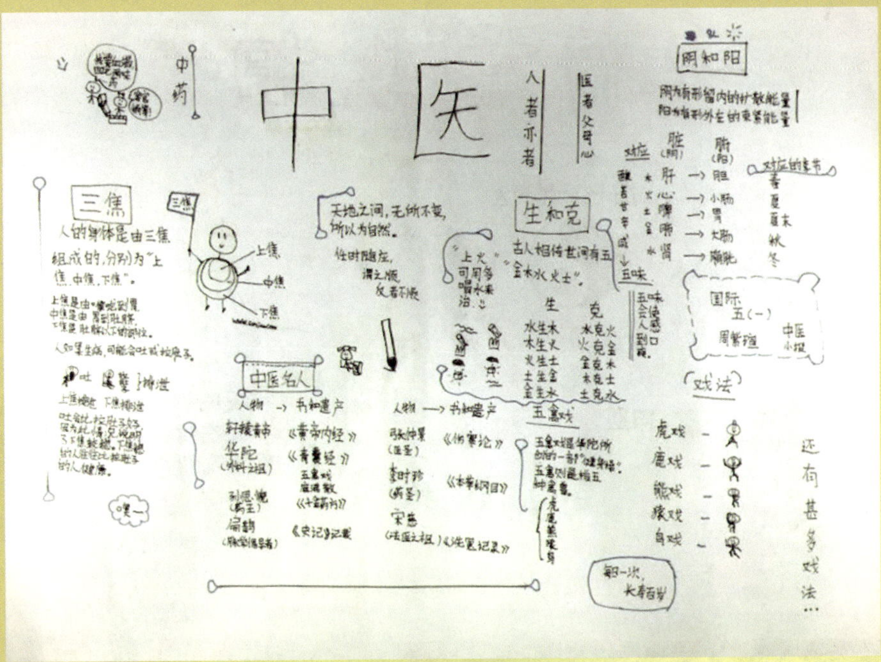

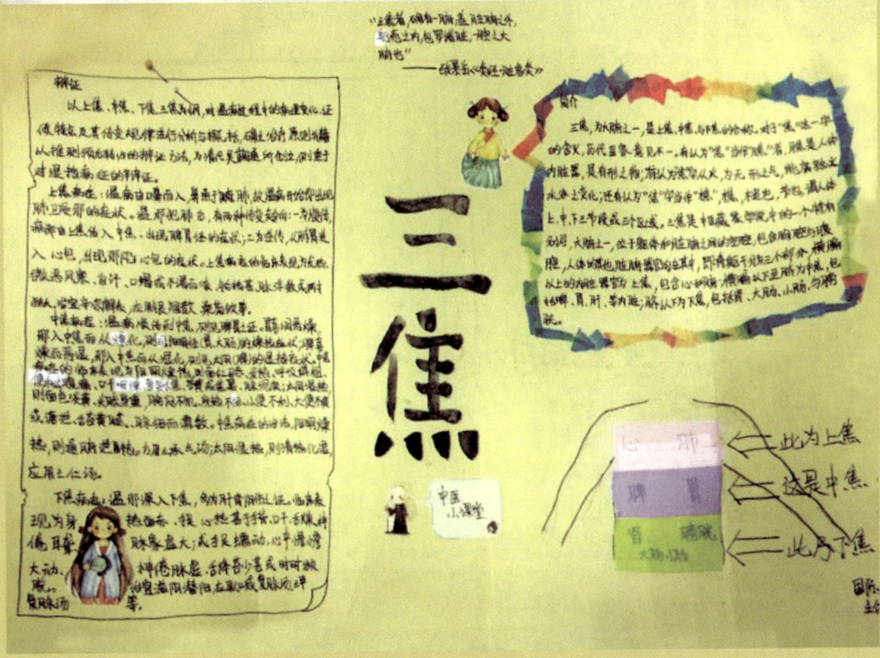

五行相生相克

阴阳互相为本

木 ⇌ 土 ⇌ 金
火
水

阴脏：肝　心　脾　肺　肾
阳脏：胆　小肠　胃　大肠　膀胱
　　　酸　苦　甘　辛　咸
　　　春　夏　长夏　秋　冬

金 生 水 生 木
相克
土 生 火

水克火
火克金
金克木
木克土
土克水

早饭吃得好，
午饭吃得饱，
晚饭吃得少。
少吃快餐！！！

中医世界：李时珍

简介：

摘录正文

本草纲目

本草纲目

死人复生

请务必阅完小报再拆！

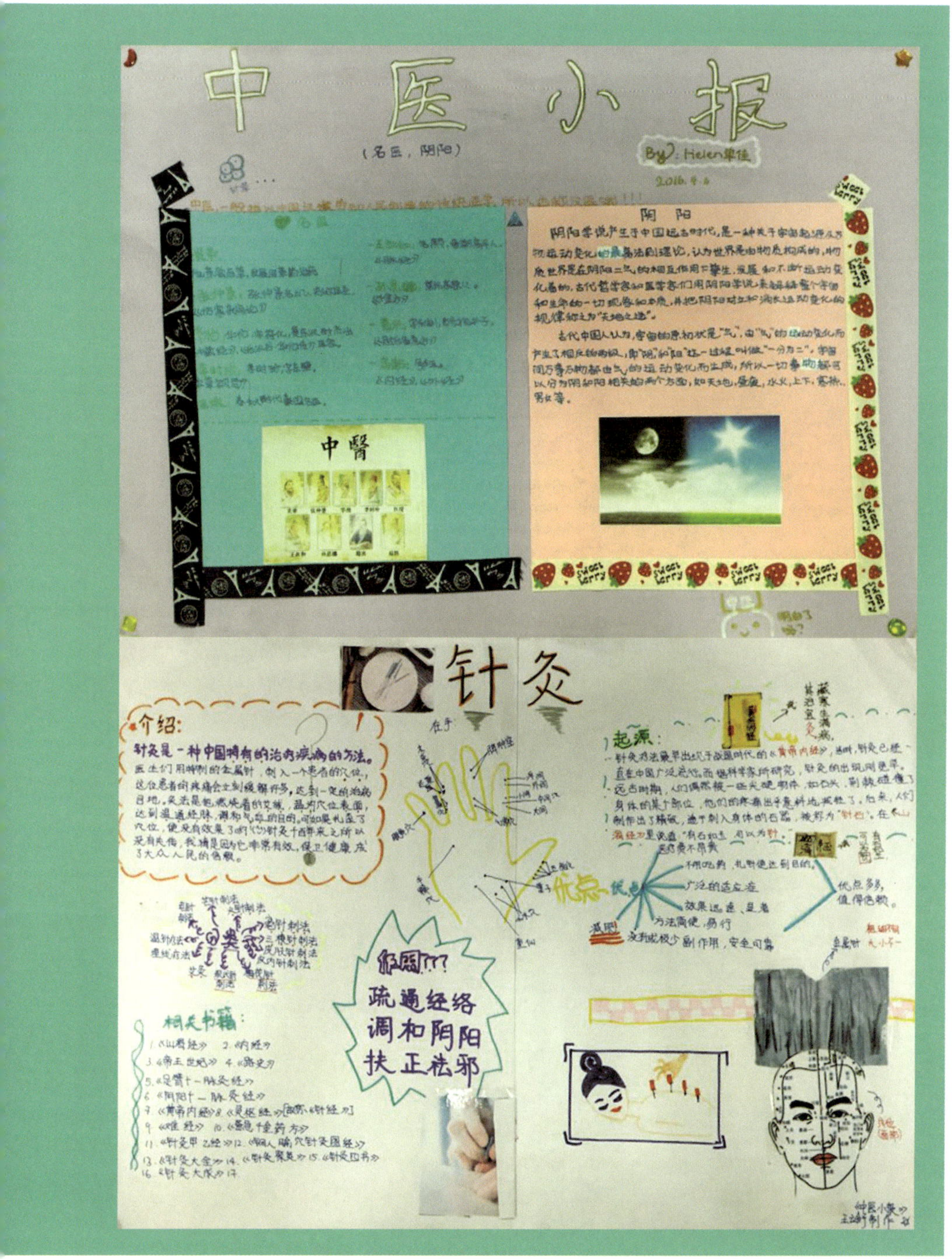
中医小报
（名医，阴阳）
By: Helen梁佳
阴阳
中醫
针灸
介绍:
针灸是一种中国特有的治疗疾病的方法。
起源:
优点
疏通经络
调和阴阳
扶正祛邪
相关书籍:

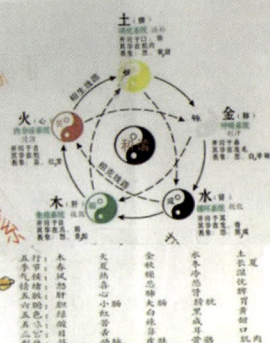

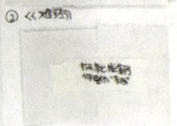

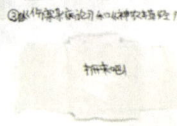

六年级

# 民族服饰

## 一、课程目标

1. 学习汉服和中国少数民族服饰的基本知识，了解服饰特征及其演变过程。

2. 在学习服饰特征的同时，了解各时期、各民族的历史背景和人文风俗，多层面、多角度地挖掘其内涵，掌握不同历史和地域的文化因素对服饰的影响。

3. 发展个性特长，培养学生学习中国传统民俗文化的兴趣。通过小组合作和实践活动，完成对民俗文化主题的探究，提高人文素养。

## 二、课程内容和结构

（一）课程内容

六年级的民俗文化课分为上下两学期，上学期民俗课学习的主题是汉唐服饰，以汉服为主。下学期民俗课学习的主题是少数民族服饰，其中挑选了四个具有代表性的少数民族，即蒙古族、满族、苗族和高山族。

汉唐服饰的学习内容丰富且完整，学生可由整体到局部进行全面深入的学习。

1. 汉服的历史渊源、形制、款式、颜色、配饰、不同场合的着装要求，以及汉服对周边国家传统服饰的影响等。

2. 不同的颜色分别代表不同的阶层地位。黄色只能是皇帝或者皇亲贵族穿，其他的臣民百姓要主动避开黄颜色衣服。服饰中体现的是等级、尊卑、贵贱等不平等秩序。

3. 在不同场合的着装要求不尽一致。在重大场合，如祭祀、庆典等，需要着盛装，体现的是对先祖的敬畏等。在家里则只需穿一般的便服，这是为了方便劳作。

4. 汉服对周边国家（主要是韩国和日本）传统服饰有很大影响，可让学生将这两个国家的传统服饰和汉服进行对比，让学生有更深刻的感受。

少数民族服饰课程内容中的这四个民族，处于中国的不同方位，它们在历史上起着重大的作用，服饰别具特色、颇具代表性。

1. 蒙古族和元朝密切相关，满族和清朝密切相关，学习这两个少数民族的服饰，可以了解这两个朝代的相关历史信息，也有利于提高学生的学习积极性和主动性。

2. 苗族聚居在中国西南地区，那里气候宜人，自然景色优美，服饰也因其绚烂的颜色、精美的配饰而独具特色，在学习过程中能够深切感受到西南少数民族独有的魅力。

3. 高山族聚居在中国台湾地区，从中国文化的发展历史来看，高山族通过接触汉文化，才开始慢慢讲究服饰之美。受其气候、地理和文化等条件的影响，高山族的服饰在不同的支系和地域显示出不同的特征。学生可以以服饰为载体，通过对高山族所处的自然环境、社会环境和人文环境的了解，进而对中国大陆和中国台湾的关系问题有更加深刻的认识；同时，也能领略到高山族服饰的审美价值和文化魅力。

（二）课程结构

1. 拓展型课程

在每周的民俗课上，六年级的学生主要是学习汉服和少数民族服饰的基本知识，包括服饰特征，各时期、各民族的历史背景和人文风俗。学生要对课程有一个整体的了解和掌握。

2. 研究型课程

民俗文化汇报演出。在中华文化节活动中，两个班分别设计和装饰了"才舞阁"

和"长安城"两个体验教室，向游园者介绍汉唐服饰的相关知识，并带领他们亲自体验和汉服相关的一些礼仪文化等。在汇报表演环节中，学生以《礼仪之邦》为主题，通过士兵表演、汉舞舞蹈和汉服走秀，展示了汉唐服饰的特色和历史文化特征。

## 三、课程安排

（一）拓展型课程

六年级的民俗文化课程，两学期的主题不一样，课程安排也有所区别。上学期，每周安排汉唐服饰课程一个课时，共一个学期，总课时数为十八课时；其中大部分课时用来学习汉服的基本知识，最后两个课时集中学习由汉服演变而来的唐服的基本知识。下学期，每周安排学习少数民族服饰一课时，共一个学期，总课时数为十八课时，其中一节课用来做课程导入，剩余课时安排学习少数民族服饰内容。

（二）研究型课程

研究型课程主要是成果展示和汇报演出。在中华文化节中，六年级在体验区展示了所学的汉服相关知识和汉唐时代的社会风貌。活动前期，所有同学参与布置教室等一系列环节，设计方案、选取名称、收集素材、具体装饰和当天活动流程的设计，都是采用师生合作与生生合作的方式来完成。在汇报演出环节中，六年级全体学生参与到汉服T台秀中，大家穿着自己喜爱的各种款式的汉服和唐服，展示服饰及其蕴含的文化内涵。

## 四、课程实施

（一）拓展型课程的实施

六年级民俗文化课程的教学内容以汉唐服饰和少数民族服饰为主题，学生要学习了解服饰的基本特征和服饰中所承载蕴含的文化内涵。

汉唐服饰这一部分，主要是以汉服为主，唐服为辅。学生学习了解汉服的形制、特征及其演变的过程，以及在唐朝强大的文化影响下，唐服对东亚国家服饰的影响。汉服的学习，主要是进行主题探讨，包括课前预习、课堂研习和课后拓展三个部分。

1. 课前预习

服饰的学习对于学生来说并不熟悉，学生想要在课堂上进行深入的理解，就需要在学习之前对此有全面的了解。围绕一个主题，学生需要完成相关的课前思考题。随着学习内容的增多，思考题的难易程度也会发生相应改变。在查阅资料、提取资源、整合信息的过程中，学生对此内容会有一定的了解和掌握，但是并不能深入理解。

2. 课堂研习

带着课前预习中的学习成果和疑难问题，师生在课堂上共同研讨。首先是老师进行专题讲解，通过借助各种教学工具，包括与服饰相关的图片、视频甚至是实物，学生对此主题有更加直观和深入的认识。接下来，学生提出自己课前预习中发现的问题，可以自己回答，可以请其他同学回答，也可以通过小组讨论来解答，甚至可以直接请老师帮忙答疑。通过课堂研习，学生既能习得新知，还可以借助新知解决自己的疑难问题，课堂效率更高，探究性学习的氛围也更加浓厚。

3. 课后拓展

课后作业既是对课堂知识习得程度的检验，也是对课堂所学内容的拓展。在课后作业中，学生需要根据所学内容，分阶段为自己设计汉服。前期只是设计款式，到了中期，需要在前期设计的基础上加上颜色的搭配，到后期则是在前两期的基础上，增加对发型、配饰等细节的关注。这一整套作业做下来，学生可以结合所学，分阶段地设计出一套完整的汉服。这既要求学生具备一定的想象力、创造力，又要求学生能够具备一定的审美能力。通过绘画的形式展示汉服的魅力，大大提高了学生学习汉服的兴趣和动力。

少数民族服饰教学这一部分，则是挑选了在历史上有重大影响或者服饰独具特色的民族，即蒙古族、满族、苗族和高山族。以服饰为依托，让学生学习蒙古族、满族以及元朝和清朝的历史，学习苗族、高山族服饰中所蕴含的独特文化。在少数民族服饰的教学过程中，学科知识相互融合、渗透。师生可借助中国地理历史图册绘本、纪录片、视频等，在学习历史知识的过程中了解各民族的服饰特色和民俗文化。

（1）蒙古族服饰

在进行蒙古族服饰的学习时，要注重北方草原文化对整个中原文化乃至中亚东欧地区的深远影响。结合当地的气候、地理条件以及生活习惯等知识，理解蒙古族传统服饰在设计、用料、配饰等方面的特色。学生在学习蒙古族特色服饰的同时，可感受蒙古族和元朝由极盛转极衰的过程。

（2）满族服饰

满族服饰的教学，则是引导学生体会东北少数民族服饰与中原的巨大差异，特别是极富地域特色的配饰和帽子。由满族所建立的清朝，是中国封建社会的极点也是终点，因此在课程实施过程中，可融入相关历史知识的教学。

（3）苗族服饰

由于在刺绣、用色和配饰上极具特色，特别是苗银的大量使用，再加上近年来该地区特色旅游文化的迅速发展，苗族服饰在少数民族服饰里很突出，得到了高度关注。课堂上可利用纪录片、宣传视频、图片等资料，将多姿多彩、丰富绚丽的苗服展示给大家。

（4）高山族服饰

高山族的服饰有其自身鲜明的特色。在学习过程中，学生可通过听高山族民歌、观看高山族传统舞蹈的视频、观赏高山族服饰图片等方式，了解学习该民族的服饰特征，领略台湾这片岛屿上独特的风土人情和文化魅力。

（二）研究型课程的实施

民俗文化课研究型课程，主要内容是成果汇报和展示，以学生为中心的实践活动是其核心。研究型课程应有效地与拓展型课程的课堂教学互相结合。在活动的过程中，应以学生自主实践、自主体验为主，以教师的指导为辅。学生应将自己对民俗文化课程的理解，渗透到活动的每一个环节中去。在实践中，学生的组织活动的能力得以培养，对中国传统文化的理解进一步深化。

民俗课学习成果展示汇报活动的实施分为以下三个环节：

1. 活动实施前

通过讨论和研究，学生自主确定活动主题，并在此基础上，设计体验教室的名称（"才舞阁"和"长安城"）。围绕主题，学生分小组设计活动、装扮教室、商讨活动细节，并为活动当天的教室装饰做准备。

2. 活动实施时

中华文化节的成果展示，围绕展馆的体验活动和汇报演出两项内容展开。体验活动全程由学生设计和主持，引导体验者感受汉唐服饰文化，包括汉服基本知识的介绍和基本礼仪的体验、汉服图片的上色、着汉服拍照等。

在汇报演出环节，六年级学生全体参与，通过进行汉服的展示，诠释自己对汉服的审美和理解。此次演出节目为《礼仪之邦》，学生身穿各式各样的汉服，通过士兵表演、汉服舞蹈和T台秀来展示汉服的柔美、大气、庄重和高雅。

3. 活动结束后

将活动照片、民俗课作品贴在班级的板报墙上，做一个专题展。在活动结束后的总结班会中，学生畅所欲言，结合平日所学将活动中的感受与全班同学分享，提升学习民俗文化课的动力，提升学习兴趣。

## 五、课程评价

（一）拓展型课程的评价

六年级的民俗课程中，拓展型课程的评价是期末总评的一部分。民俗课程的考核评价中，学生平时作业和作品占50%，期中考试占20%，期末考试占30%。学生每学期的期中期末考试均包括口试和笔试，民俗课程内容占口试内容的5%，占笔试内容的5%。民俗课的口试题型包括判断题、填空题和简答题。

表6-1　六年级民族服饰汉服设计作品评价表

| 考核项目 | 评分标准 | | | | | 得分 |
|---|---|---|---|---|---|---|
| | 5 | 4 | 3 | 2 | 1 | |
| 作品内容 | 包含所有要求的内容，并有一定要求以外的内容 | 包含所有要求的内容 | 基本包含所有要求的内容 | 未包含所有要求的内容 | 未按要求的内容完成作品 | |
| 美观程度 | 整洁清楚，字迹端正，配图能反映文字表达内容，整份作品美观 | 整洁清楚，字迹端正，配图能反映文字表达内容 | 整洁清楚，字迹端正，有配图 | 字迹端正，有配图 | 字迹端正 | |

（续表）

| 考核项目 | 评分标准 | | | | | 得分 |
|---|---|---|---|---|---|---|
| | 5 | 4 | 3 | 2 | 1 | |
| 重点突出 | 详略分配得当，重点内容清楚标明 | 详略分配得当，有重点内容 | 详略分配得当 | 有详略之分 | 无详略之分 | |
| 创新设计 | 设计合理，层次清晰，有原创内容，有创新内容 | 设计合理，层次清晰，有原创内容 | 设计合理，层次清晰 | 设计合理 | 毫无设计，内容层次不明 | |
| 合计得分 | | | | | | |

（二）研究型课程的评价

成果汇报展示的评价主要依据活动中学生的参与程度、参观者和体验者的感受以及最终表演环节观众的反应三方面。

表6-2　六年级民族服饰中华文化节活动评价表

| 考核项目 | 评分标准 | | | | | 得分 |
|---|---|---|---|---|---|---|
| | 5 | 4 | 3 | 2 | 1 | |
| 活动方案设计 | 目标明晰，贴合活动主题；活动有序；方案分析透彻，考虑全面；活动任务分配合理，做到每个成员有相对应的任务 | 目标明确，较贴合活动主题；活动完整有序；可行性方案分析不够透彻；活动任务分配合理，每个成员分配到任务 | 目标较明确，与活动主题贴合度不高；活动完整，前后顺序略凌乱；可行性方案没有详细分析；活动任务分配不够合理 | 目标不明确；活动不完整，无序；可行性方案没有进行分析；活动分配中出现个别成员没有任务的情况 | 能用文字基本表达活动目标；活动过程不完整；缺少可行性方案；活动分配中，任务分配不均 | |

（续表）

| 考核项目 | 评分标准 | | | | | 得分 |
|---|---|---|---|---|---|---|
| | 5 | 4 | 3 | 2 | 1 | |
| 团队协作 | 团队合作有序和谐；团队成员互相帮助激励；合理安排完成各自任务 | 团队合作有序和谐；团队成员互相帮助激励；合理安排完成各自任务 | 团队合作有序，但偶尔出现意见不合的情况；团队成员间能够互相帮助；能够合理安排各自任务，但个别成员有拖延整体小组任务的情况 | 团队合作较有序；团队成员相互之间沟通和帮助较少；合理安排各自任务完成的时间；大部分学生能按照时间截点完成任务 | 团队合作无序；团队之间缺乏协作性；团队之间缺少时间意识，只有个别学生能按照时间截点完成活动任务 | |
| 活动效果 | 活动中注重细节；整体反响高；积极热情参与；充分发挥团队的特色 | 活动中比较注重细节；整体反响良好；积极参与；能够发挥团队的特色 | 活动中能够注重细节；整体反响较好；参与度不高 | 活动中未能注重细节；整体反响一般；有参与 | 忽略细节；整体反响较低 | |
| 总结汇报 | 汇报内容贴合活动主题；体现汇报者完成该项任务的热情和积极性；每个小组成员都能参与总结汇报展示，并在展示过程中有各自明确的分工 | 汇报内容贴合活动主题；体现汇报者完成该项任务的积极性；每个小组成员都能参与总结汇报展示 | 汇报内容较能贴合活动主题；体现汇报者在完成该项任务的过程中的行动；每个小组成员都能参与总结汇报展示 | 汇报内容与主题要求不太一致；整个汇报过程不能很好地体现个人活动的热情和积极性 | 汇报内容与主题要求不一致；汇报过程沉闷枯燥，无法体现个人参与活动的积极性 | |
| 合计得分 | | | | | | |

**附件一　视频资料**

http://v.youku.com/v_show/id_XNjIzMzczMzUy.html2013 第四届苗族银饰服饰节开场专题片——《花一样的衣服》。

| 附件二 | 参考用书 |
|---|---|

1. 苏日娜.少数民族服饰/中国民俗文化丛书[M].北京：中国社会出版社，2011
2. 戚嘉富.中国红：少数民族服饰[M].合肥：黄山书社，2012

| 附件三 | 服饰课课后拓展作业 |
|---|---|

附件四　中华文化节之民俗活动照片集锦

中华文化节之民俗活动

学生布置主题教室

中华文化节之民俗游园主题教室——

**长安城**

『游园』之
**参观**『才舞阁』

**参观**『长安城』
『游园』之

《礼仪之邦》中华文化节之民俗汇演

中华文化节之民俗汇演

**汉服舞蹈表演**

七年级

# 书画艺术

## 一、课程目标

1. 感受传统艺术魅力。

学习者接触中国传统书法和国画的基本知识，构建基本的知识框架，逐步产生对该领域艺术表现形式的学习兴趣。

2. 体验传统书法和国画创作。

在积累了一定理论的前提下，通过实际操作和亲身体验，学习者尝试在实践中运用理论知识，熟悉传统艺术创作的环节和特点，进一步提升学习者的积极性与主动性，形成基本的审美能力和美学价值观。

3. 尝试对外文化传播。

学习者在教师的引导下选择自身感兴趣的书画类别，进行具体资料的搜集和整理，将中国籍未成年人和外国籍成年人两类主体作为讲解对象，完成书法和国画知识的文化传播。

4. 培养良好的团队协作能力。

学习者以小组的形式完成课程设计中的团体任务。培养在小组内部合理分配任务、高效完成任务以及迅速解决突发状况的能力，这些都是该课程的隐性目标。

## 二、课程内容和结构

（一）课程内容

七年级的民俗课程主要围绕"文房四宝"、"传统软笔书法（以下简称书法）"和"传统中国画（以下简称国画）"三个部分展开。以这三个部分的基础知识讲解作为拓展型课程的内容，然后根据不同学习者的学习偏好和学习能力，选择对应的分支内容，作为研究型课程内容让学生进行学习和体验。其中拓展型课程的讲授全部由教师承担；研究型课程内容的准备和讲解，有针对性地选择学习小组负责，由学习者自主搜集资料、开展深入学习。

（二）课程结构

1. 拓展型课程

拓展型课程主要是讲解理论知识，以多媒体学习资料为辅助。教师利用课堂教学的时间，讲解和引导，讲解内容包含文房四宝、书法和国画三大部分的基本概念和知识简介。

2. 研究型课程

研究型课程以学习者实践体验为主，学习者结合小组的汇报展示进行体验式学习。体验式学习分为主题确定、资料搜集和小组汇报三个基本阶段。研究型课程的内容选择以书法和国画为基础范围，教师在授课初期进行学习倾向性调查，确定书法和国画的分支内容，作为下一阶段的学习主题。

从近期学习者的反馈可知，他们在选择书法的分支知识学习的时候往往对书法名家名作、繁简字差异和篆刻知识抱有浓厚兴趣；关于国画知识，内画鼻烟壶和扇面画等工艺美术知识不仅与生活联系紧密，还充分体现了高超的民俗技艺，往往更能吸引学习者。

## 三、课程安排

七年级的民俗课程以书法和国画知识为主要学习内容，课程安排为每两周一课时，每学期九课时，每学年十八课时。

（一）拓展型课程的安排

拓展型课程的讲解设置在第一学期的九个课时中，其中文房四宝的讲解占三个课时，书法和国画的基础知识分别占三个课时。在书法和国画的第三课时中需要对学习者进行学习偏好分析，可让其采取小组投票的形式选择对应领域的分支学习内容，作为拓展型课程的学习主题。

（二）研究型课程的安排

研究型课程的实施安排在第二学期的九个课时中，教师根据上一阶段已经确定的内容，分别从书法和国画范围中选择二至三项主题，每项主题安排一至两课时让学生进行体验学习。

在内容确定后，主要由教师引导学生学习基础知识并进行体验学习，学生需要独立完成对应的民俗作品。对于个别难度适中的学习主题，可以指导学习小组协作进行讲解，教师负责引导和物资准备（笔墨纸砚）。在学习者讲解的同时，尽可能邀请感兴趣的外籍教师进入课堂共同体验。

在学期末安排所有学习者以小组形式对某一主题进行资料搜集、作品创作和汇报演讲，作为该课程学习的最终反馈。

## 四、课程实施

（一）拓展型课程的实施

拓展型课程的讲解主要由教师承担，讲解的知识要点通过幻灯片展示出来。对关键的信息点，学习者要做记录，为后期的课程评估奠定基础。讲解的补充内容可以通过图片、网络视频或者课堂演示等途径向学习者进行展示，强化学习者对知识的感知和理解。

1. 内容的实施

文房四宝讲解的内容主要包含笔墨纸砚的起源历史、种类划分、名品简介和艺术价值，在第二课时讲解部分还补充了四宝之友——印章的介绍。书法内容简介主要包含先秦时期以来书法的变化历程，重点分析商朝、秦朝和唐朝三个朝代的书法发展，然后在此基础上补充书法五体和名家名作介绍。国画讲解涉及的内容相对丰富，不仅包括国画的起源、发展、种类、名家名作，而且包含釉下五彩瓷器、内画鼻烟壶，佛教唐卡和面塑等美术品类的知识简介。

2. 过程与环节

文房四宝讲解，要求教师在课前准备阶段掌握笔墨纸砚以及印章的知识，并且提前安排学生搜集与四宝名品产地相关的资料；在课堂上安排学生进行口头报告，分享家乡与文房四宝相关的名品，例如安徽宣城的宣纸、广州端县的端砚。课后学生对介绍过的文房四宝进行深入探究，将学习的感触和心得借助海报或者PPT形式展示出来，教师择优选取并张贴在学校展板。

书法字体的讲解内容包含篆书、隶书、草书、行书和楷书五类，教师以苏轼、米芾、柳公权等书法名家的作品和经历作为补充知识讲解。课前安排学生提前了解著名的书法作品，在课堂上通过图片展示《兰亭集序》、《快雪时晴帖》、《玄秘塔碑》等优秀书法作品，引导学生针对这些著作进行成段表达。讲解结束后安排学生通过描红的方式临摹名家作品，进一步提升学生的参与度与积极性。

在国画的讲解过程中适当引入电视节目中关于传统艺术的介绍的视频，既能够增添课堂的趣味性，又可以启发学生下一阶段对于国画分支内容的选择。

教师在讲解这三个部分时应尽可能实现双语讲解，特别是对"文房四宝"、"书法"、"国画"等专有名词进行翻译时要力求准确得体，这不仅是为了强化教学的严谨性，更是为学生今后的对外文化传播夯实基础。

（二）研究型课程的实施

相对于拓展型课程的知识讲解与积累，七年级的研究型课程在实施过程中更侧重于学生对民俗文化的体验与参与。这种体验不同于其他机构提供的书法培训课、国画艺术课，只是对学习者艺术特长和技能的培训，这种体验课程是与学习者本身特点相关的，每一个体验环节相互联系并最终构成一个完整的系统。这样的设计思路一方面是为了降低活动课的难度从而保证学生的参与度，另一方面是为了使学习者更容易完成体验，从而提高他们的成就感。

1. 书法分支内容的实施

从对学习者进行的书法分支内容的学习偏好分析可知，书法六书和繁体字与简体字的辨析成为了最受关注的内容。于是通过投票，学习者选择了隶书、繁简字作为活动课的内容，教师又补充了篆刻作为第三部分活动内容。

在隶书体验的课程上，学习者需要提前准备"天道酬勤"等座右铭，然后结合每个人中文全名中"名"的汉字作为练习内容（例如"王小明"的"小明"），通过网络的"字体转换"软件生成隶书字体，当堂在宣纸上尝试书写自己的名字和准备好的座右铭。教师可适当多准备练习用纸，指导布局设计，叮嘱学生将最满意的作品提交并妥善留存。

第二次的体验课程是进行繁简字的辨析。每个学习小组提前准备两组对应的繁简字并分析简化的具体方式，教师引导学生讨论繁体字和简体字在表意和书写方面的优势和不足。最后教师陈列出学生在隶书体验中的作品，学生借助网络资源将作品中的汉字转化为繁体字，再次完成繁体字版本的隶书作品。

最后一次的体验课内容是关于篆刻的。教师首先通过录制好的视频介绍在石头上完成篆刻的基本过程，然后讲解篆刻文本内容的选择、篆刻图形的种类和篆刻中白文和朱文的差异，教师在讲解过程中安排一个学习小组对应展示篆刻成品，使其他学生形成更加直观的感受。最后的体验环节安排所有学生独立设计一个篆刻图形，要求包含名字中的一个字，采用描红的形式直接创作在预先准备的纸张上，并将该篆刻图形小心地裁剪下来贴在繁体字版本的隶书作品上。通过这样的三次体验课程，学生最终独立完成了一幅含有座右铭、姓名落款和篆刻图案的书法作品。

2. 国画分支内容的实施

国画的分支内容包含写意花鸟和创意国画两个部分。在学习者体验写意花鸟画之前要指导学习者了解写意画与工笔画的区别，同时明确常见的花鸟画题材涉及哪些花卉和鸟类。最终教师安排学生以竹子、莲花和熊猫作为创作对象，以小组为单位分别完成一幅写意花鸟作品，学生提交并由教师保存。

创意国画中的"创意"主要体现在两个方面：第一种是运用油画或者水粉画等西方绘画材料在宣纸上创作传统题材中国画；第二种是在水墨画之上拼贴花瓣、羽毛、纽扣等具有艺术感的部件，形成一幅完整的创意国画。学习者在完成创意国画的时候需要以之前的写意花鸟画内容作为基础，进行二次创作。学习者要在作品的落款处运用繁体字或者是含名字的篆刻图形,将书法体验课的成果展示运用于其中。每次研究型课程结束后,学习者都要完成艺术作品,无论是以个人的形式还是团队的形式完成的作品,都应该由教师统一拍照并尽可能保留原件。课程设计者要针对每一次的课程体验,分别从学习者、教师和家长三个方面收集反馈,了解该项体验课程的优势与不足并及时修改。此外,课程设计者可以将三者的反馈结合学习者的作品图片,统一编辑成新闻报道发表在校级社交平台,进一步传播民俗文化。

## 五、课程评价

七年级的民俗课程总评价由拓展型课程评分和研究型课程评分两部分组成,其中拓展型课程得分占总分的百分之四十,研究型课程评分占总分的百分之六十。

(一)拓展型课程的评价

拓展型课程评价对象包括家乡文房四宝口头汇报、书法名家名作描红和拓展型课程口试(试题见附件)三个部分,口头汇报和描红分别占百分之三十,拓展型课程口试占百分之四十。前二者安排在教学过程中完成,最后的拓展型课程口试安排在学期结束阶段完成。(表7-1为书画艺术演讲评价表)

(二)研究型课程的评价

研究型课程评价对象包括书法作品、创意国画作品和小组汇报三个方面。书法作品必须由每位学习者独立完成,占分数的百分之五十;创意国画作品以小组为单位完成,占分数的百分之三十;小组汇报同样是小组合作完成,占分数的百分之二十。(表7-2为书画艺术作品评价表)

### 表7-1 七年级书画艺术演讲评价表

| 考核项目 | 评分标准 | | | | | 得分 |
|---|---|---|---|---|---|---|
| | 5 | 4 | 3 | 2 | 1 | |
| 仪容仪表 | 全程有目光交流;表情自然,自信微笑;配合恰当的肢体语言 | 有目光交流;表情较自然;肢体语言自然 | 偶有目光交流;表情略紧张;肢体语言拘谨 | 无目光交流;表情紧张;站姿不正 | 表情不自然;站姿不正,有小动作 | |

（续表）

| 考核项目 | 评分标准 | | | | | 得分 |
|---|---|---|---|---|---|---|
| | 5 | 4 | 3 | 2 | 1 | |
| 演讲内容 | 准备充分；内容充实；主题明确；互动充分 | 准备较充分；内容较充实；主题较明确；略有互动 | 演讲有准备；有内容；有主题；偶有互动 | 准备不足；内容较简单；主题不明确；无互动 | 准备较少；内容过于简单；主题不明 | |
| 结构与时间 | 结构完整；逻辑清晰；时间控制合理 | 结构较完整；逻辑较清晰；时间安排较合理 | 有一定的条理；逻辑不够清晰；时间过长 | 有一定的条理；逻辑不够清晰；时间不足 | 条理不够清楚；时间安排不合理 | |
| 语言表达 | 语言表达流畅；吐字清晰；发音准确；声音响亮 | 语言表达流畅；吐字较清晰；发音较准确；声音不够响亮 | 语言表达较流畅；声音响亮；吐字、发音有欠缺 | 语言表达欠流畅；声音较轻；吐字、发音有欠缺 | 语言表达不流畅；声音过轻；吐字、发音存在问题 | |
| PPT设计 | 版式精美；文字清晰；能熟练运用多媒体（有音乐或动画）；演示流畅 | 版式较精美；文字较清晰；能运用多媒体（有音乐或动画）；演示较流畅 | 有版式设计；字体比例适中；有多媒体；演示稳定 | 版式设计简单；字体大小需调整；无多媒体；演示较稳定 | 版式设计太简单；字体不恰当；无多媒体；演示故障多发 | |
| 合计得分 | | | | | | |

## 表7-2 七年级书画艺术作品评价表

| 考核项目 | 评分标准 | | | | | 得分 |
|---|---|---|---|---|---|---|
| | 5 | 4 | 3 | 2 | 1 | |
| 作品内容 | 包含所有要求的内容，并有一定要求以外的内容 | 包含所有要求的内容 | 基本包含所有要求的内容 | 未包含所有要求的内容 | 未按要求的内容制作作品 | |
| 美观程度 | 整洁清楚，字迹端正，配图能反映文字表达内容，整份作品美观 | 整洁清楚，字迹端正，配图能反映文字表达内容 | 整洁清楚，字迹端正，有配图 | 字迹端正，有配图 | 字迹端正 | |
| 重点突出 | 详略分配得当，重点内容清楚标明 | 详略分配得当，有重点内容 | 详略分配得当 | 有详略之分 | 无详略之分 | |
| 创新设计 | 设计合理，层次清晰，有原创内容，有创新内容 | 设计合理，层次清晰，有原创内容 | 设计合理，层次清晰 | 设计合理 | 毫无设计，内容层次不明 | |
| 合计得分 | | | | | | |

**附件一** 书画艺术口试试题

## 七年级书画艺术口试试题

文房四宝是哪些？

四宝之友是什么？

用英文介绍文房四宝。

文房四宝的名品及产地。

书法的六书具体指什么？

书法的名家名作。

国画按照技法分类。

国画按照内容分类。

国画中"三石二鸿一张"分别指什么？

常见的工艺美术种类。

**附件二** 学生创作照片与学生习作

## 八年级

# 红楼民俗文化

## 一、课程目标

1. 感受名著《红楼梦》中博大精深的文化内涵，激发学生学习中国名著的浓厚兴趣。

2. 通过阅读《红楼梦》原著，了解作者曹雪芹的生平经历，在理解原文内容的基础上，深入挖掘著作中的传统民俗文化知识。

3. 结合文化课上《红楼梦》的学习，发挥学生个性特长，探究作品中涉及的民俗文化，用小组合作形式，完成对民俗文化主题的探究及调查，提高自身的人文素质和语文素养。

## 二、课程内容和结构

（一）课程内容

八年级的民俗文化课内容是基于文化课上的《红楼梦》的学习展开的。《红楼梦》作为四大名著之首，其中蕴含的中国传统民俗文化知识非常丰富、非常细致，堪称百科全书。学生将随着对《红楼梦》章回情节的学习，提炼挖掘其中的民俗知识，如云锦织物、园林建筑、服饰文化、通用货币等内容，通过资料搜集等形式，进行深入学习。

（二）课程结构

1. 拓展型课程

即日常教学活动。在阅读课的基础上，八年级民俗文化课的日常教学主要围绕《红楼梦》一书涉及的传统民俗知识展开，在课堂内进行提炼和总结。

2. 研究型课程

（1）社会实践活动课程

结合拓展型课程内容中对《红楼梦》一书中传统民俗知识的学习与了解，组织学生前往南京江宁织造博物馆，让学生通过小组探究的形式，对馆内涉及的大观园园林建筑、云锦织物、服饰文化等民俗知识进行深入的研究和调查。

（2）民俗文化汇报演出

在中华文化节的汇报演出中，设计"刘姥姥进大观园"的体验馆场景，通过表演向各年级学生展示《红楼梦》中的饮食、花卉和书法知识；在汇演环节中，以《元春省亲》场景为剧本演出一台舞台剧，展现《红楼梦》中的诗词文化知识。

## 三、课程安排

（一）拓展型课程

八年级的拓展型课程为《红楼梦》中的民俗文化知识学习与探究，课程安排为每两周一课时，每学期九课时，每学年十八课时。

（二）研究型课程

1. 研究型课程分为两类，第一类为社会实践活动课程，是依托拓展型课程展开的延伸型课程。课程时间为一学期，每两周一课时，共九课时。课程成果汇报展示的内容为在江宁织造博物馆的参观后完成一篇调查报告。参观时间为一天。课程形式主要以学生探究和调查为主，江宁织造博物馆的寻访活动是本次课程的重要组成部分。学生在这一课程活动中，需要结合博物馆内提供的《红楼梦》相关民俗知识，进行一系列的资料搜集和汇总，以小组合作探究形式完成课程的内容。

2. 研究型课程的第二类为成果汇报演出。学生在学部的中华文化节中，在"大观园"一馆中通过表演展示出《红楼梦》中不同种类的民俗文化内容，如饮食、服饰和书法等内容；汇报演出还包括《元春省亲》的戏剧演出，在演出中，向各年级同学展现《红楼梦》中的诗词文化知识。

## 四、课程实施

（一）拓展型课程的实施

1. 教学内容

以阅读课中《红楼梦》的学习为基础，从著作中总结出其中蕴含的传统民俗文化知识，进行探究性学习。教学内容丰富，涵盖范围广泛，师生从饮食到服饰、从建筑到书法诗词，挖掘《红楼梦》中极具特色的文化内涵。在教学过程中，要重视学生的自主性。初中高年段学生对于中国传统民俗文化已经有了一定的认识，《红楼梦》一书中对于各类民俗文化有精细介绍，学生能够从中选择他们所感兴趣的民俗知识。学生进行小组讨论、投票，最后达成一致意见。选定民俗主题以后，小组开始展开合作探究和深入学习，其环节包括资料搜集、目标设定、任务分配和完成。这些环节主要安排在课堂教学过程中，教师会在每组开展合作活动时，进行巡视并给予相应的意见。力求通过这些教学内容，提升学生对中国四大名著中文化知识的深刻理解及团队协作的意识和能力。

2. 教学形式

分为师生合作及小组合作两类。师生合作的学习主要体现在课堂教学过程中。学生在教师的引导下，总结出著作中围绕民俗文化内容展开的情节和段落，在提炼和汇总之后，归纳出探究课题的主题内容。学生在文化课中，已经对作品章节内容有所了解，在此基础上，要总结提炼出与贾府生活的方方面面相关联的民俗类知识点，在课堂上通过教师引导和小组合作讨论的形式，对林林总总的知识点进行剖析和解读。

3. 教学过程

小组合作学习主要体现在课后的作业中。拓展型课程中布置的学习任务将用于研究型课程的学习与准备中，学生以小组为单元，共同选择一个民俗文化主题内容，理论知识联系生活实际，开展探究。学生通过课堂讨论、课下资料搜集等形式进行学习和研究，并自主完成小组的学习任务单和调查采访稿。

（二）研究型课程的实施

依托民俗文化课的拓展型课程展开的研究型课程，主要形式为社会实践活动课程及成果汇报展示两种，以学生为中心的自主活动是核心内容。社会实践活动有效地与民俗课的课堂教学互相结合与渗透，研究型课程为拓展型课程的延伸形式。在活动的实施过程中，以学生的实践活动和体验学习为主、教师的指导和建议为辅，拓宽学生探索学习的渠道，丰富学生的经历和经验。在外出实践活动环节中，拓宽学生认识中国传统民俗文化的视野；在成果汇报展示活动中，培养学生的组织领导能力；在表演过程中，渗透学生对《红楼梦》相关的民俗文化知识的理解。

1. 社会实践活动课程的实施分为以下三个环节

（1）活动实施前

由于整个活动课程的开展是以学生为中心的，所以，学生将以小组为单位，自行根据老师提供的活动计划书模板，制定"寻访江宁织造博物馆"的活动计划书和任务分配书等，内容包括活动目标、活动内容及任务分配等（具体请参阅附件）。教师会根据各组设计的计划书给予相应的修改建议，提出细致的方案，学生在规定时间内，完成计划书的终稿制定。

（2）活动实施中

根据学生自主制定的计划书及任务分配要求，各组学生需要在外出活动前，利用课堂教学时间，进行前期任务汇报。汇报主要涵盖资料搜集后的概述及各组自主制定的学习单的分享，汇报过程中其他组的成员会给出相应的意见。在外出活动过程中，各组学生将携带制定的任务单，前往博物馆进行寻访和调查。

（3）活动实施后

各组进行活动成果汇报，作为期末民俗课考核的一部分。在汇报展示中，学生将总结整个社会实践活动的收获并反思不足之处。除了汇报演讲外，各组学生以照片或视频的形式，展示整个实践活动课程的成果。

2. 民俗课学习成果展示汇报活动的实施分为以下三个环节

（1）活动实施前

通过讨论和研究，确定展馆的主题内容。制定并编写主题为"刘姥姥进大观园"的相关表演剧本，根据任务分配的要求，进行排练和前期准备。

（2）活动实施时

在中华文化节的成果展示中，分别以展馆的体验活动和汇报演出中的戏剧表演两个形式进行展示，集中展示民俗课阶段学习的成果，在展示过程中加深对《红楼梦》民俗知识的理解。

（3）活动实施后

对整个展示活动进行反思总结和评价反馈，收集各年级师生对汇报演出的建议，加以总结和提炼，制定下一阶段学习的改进措施方案。

## 五、课程评价

（一）拓展型课程的评价

八年级的民俗课程中，拓展型课程部分的评价会设计一套评价考核体系。在每学期的期中和期末，拓展型课程的评价考核分为作品展示和课堂演讲两部分内容，以各自占百分之五十的比率纳入民俗课的总分中。每个学生在学期开始会了解到民俗课两项考核内容的截止日期，确定自己感兴趣的主题内容以后，做详细的资料搜集工作，在要求的最终截止日期内，于课堂上结合展示的作品内容进行汇报演讲。

（二）研究型课程的评价

1. 社会实践活动课程的评价采用学生互评、教师和家长反馈的形式，是多元过程性的评价。学生互评环节，将由不同组的同学评价各组学生完成的活动结题报告，最终选出得分最高的一组，结合教师和家长的反馈语，收录于新闻稿中，发布在学校的微信平台中。

2. 成果汇报展示的评价主要以体验者及观众的反馈的形式展开，通过公开投票或网上投票的方式，收集数据，最终得出汇报展示的结果。

## 表8-1 八年级红楼民俗文化课外拓展评价表

| 考核项目 | 评分标准 | | | | | 得分 |
|---|---|---|---|---|---|---|
| | 5 | 4 | 3 | 2 | 1 | |
| 活动方案设计 | 1.目标明晰，贴合活动主题，有针对性 2.活动形式多元化，活动步骤有序、细致 3.可行性方案分析透彻，考虑全面，内容完整 4.活动任务分配合理，做到每个成员有相对应的任务，并标注截止日期 | 1.目标明确，较贴合活动主题，个别目标设定针对性不够 2.活动步骤完整有序，形式多样；可行性方案分析不够透彻，内容符合要求 3.活动任务分配合理，每个成员分配到任务，并标注截止日期 | 1.目标较明确，在文字表达上准确完整，与活动主题贴合度不高，个别目标设定偏离主题 2.活动步骤完整，前后顺序略凌乱，形式不够多样 3.可行性方案没有详细分析 4.活动任务分配不够合理，标注了截止日期 | 1.目标不明确，文字表述不完整，目标较能围绕活动主题 2.活动步骤不完整，无序；形式固定刻板；可行性方案没有进行分析 3.活动分配中出现个别成员没有任务的情况 | 1.能用文字基本完整地表述活动目标，但是目标和主题不契合 2.活动过程步骤不完整，形式单一 3.缺少可行性方案 4.活动分配中，任务分配不均，截止日期不明 | |
| 团队协作 | 1.团队合作有序和谐，每个团队成员对各自的任务主动性、积极性很高 2.团队成员互相激励，积极提出有创意的想法和提议 3.合理安排各自任务的完成时间，并互相督促激励 | 1.团队合作有序和谐，成员对各自任务有一定的热情和积极性 2.团队成员间互相帮助激励，并能及时给予对方援手 3.合理安排各自任务完成时间，并互相督促激励 | 1.团队合作有序，但偶尔出现意见不合的情况，难以调节，需要老师引导 2.团队成员间能够互相帮助，并寻求老师的指导 3.能够合理安排各自任务完成的时间，但个别成员有拖延整体小组任务的情况 | 1.团队合作有序，但协作性和任务完成的积极性、热情度不高 2.团队成员能各自完成自己的任务，但互相之间沟通和帮助较少 3.合理安排各自任务完成的时间，大部分学生能按照时间截点完成任务 | 1.团队合作无序，小组成员对完成任务的热情度和积极性不高 2.团队成员能较完整地完成各自的任务，但团队之间缺乏协作性 3.团队之间缺乏时间意识，只有个别学生能按照时间截点完成活动任务 | |

（续表）

| 考核项目 | 评分标准 | | | | | 得分 |
|---|---|---|---|---|---|---|
| | 5 | 4 | 3 | 2 | 1 | |
| 活动效果 | 1.前期资料搜集完整，内容全面多样，并能做好资料汇总整理<br>2.活动实施中，能自主寻求社会资源进行调查<br>3.注重活动过程中的细节，活动中能体现小组成员的领导力和协作能力 | 1.完整做好活动的资料搜集和整理工作<br>2.活动实施中，能积极寻求身边能够有效利用的资源<br>3.注重活动的完整性，但细节处有待加强<br>4.活动中能体现小组成员的领导力和协作能力 | 1.资料搜集工作有序，有相对完整的资料汇总<br>2.活动实施中，自主查阅资料和资源的能力较强，但寻求社会资源的能力不够<br>3.活动能按照方案有序进行，相对完整，不够注意细节之处<br>4.活动中成员完成各自任务的积极性较高 | 1.资料搜集不全面，需要寻求老师的帮助<br>2.活动实施中，需要其他组成员和老师的帮助，才能完成自己的任务<br>3.活动能较有序地完成，但缺少完整性<br>4.活动中成员的各自能力体现不足 | 1.资料搜集有困难，缺乏自主完成活动前期准备的积极性<br>2.活动实施中，活动形式较单一，没有小组成员各自有特点的想法，也不能寻求有效利用的资源<br>3.活动能按照计划有序进行，缺乏一定的完整性和细致度<br>4.活动中缺乏成员间相互的配合 | |
| 总结汇报 | 1.汇报内容贴合活动目标和主题，并有活动实施期间的生成性思考总结<br>2.汇报的开场能够吸引观众，能运用多样的媒体技术展示自己的成果 | 1.汇报内容明晰，贴合活动目标和主题<br>2.汇报展示的开场能吸引大多数的观众，适量地运用基本的多媒体技术进行呈现<br>3.汇报内容完整，用词较规范，通过丰富的肢体语言吸引观众的注意 | 1.汇报内容贴合活动主题和设定的目标<br>2.汇报展示的开场能吸引一些观众的注意，但仍有一部分观众只是在听 | 1.大部分汇报内容能贴合活动主题和目标，小部分内容有偏离活动主题的情况，汇报整体略显松散<br>2.汇报展示的开场不能吸引下面的观众，观众气氛比较尴尬 | 1.汇报内容不能很好地契合活动的主题，内容的选择比较随意<br>2.汇报展示没有开场，观众反应较差，整个展示没有互动<br>3.汇报内容不完整，且无序，只有一个小组成员参与总结汇报展示 | |

（续表）

| 考核项目 | 评分标准 | | | | | 得分 |
|---|---|---|---|---|---|---|
| | 5 | 4 | 3 | 2 | 1 | |
| 总结汇报 | 3.汇报内容注重细节，用词规范，体现汇报者完成该项任务的热情度和积极性<br>4.每个小组成员都能参与总结汇报展示，并在展示过程中有各自明确的分工 | 4.每个小组成员都能参与总结汇报展示，并能在展示过程中有各自明确的分工 | 3.汇报内容较完整，用词较规范，但缺乏多媒体技术的运用和丰富的肢体语言，汇报过程略显生硬<br>4.大部分小组成员参与总结汇报展示 | 3.汇报内容不完整，用词略显口语化，不会用多媒体技术和肢体语言来呈现汇报展示<br>4.小部分小组成员参与总结汇报展示 | | |
| 合计得分 | | | | | | |

---

**附件一** 探"红楼文化"计划书、可行性报告及任务分配书

### 八年级探"红楼文化"之行计划书

| 计划项目 | 内容 | 备注 |
|---|---|---|
| 小组成员及研究主题 | | |
| 活动目标 | | |
| 活动时间 | 四小时 | |

（续表）

| 活动路线<br>（博物馆内<br>游览顺序） | | |
|---|---|---|
| 活动前期<br>准备 | | |

## 探"红楼文化"活动策划可行性报告（初稿）

活动开展的意义：

可行性分析：

外部环境：

内部活动：

可行性分析结论：

应急方案：

## 八年级探"红楼文化"之行任务分配书

| 组员 | 内容（不少于100字叙述） | 备注<br>（任务完成截止日期） |
|---|---|---|
|  |  |  |
|  |  |  |
|  |  |  |
|  |  |  |
|  |  |  |

**附件二** 探"红楼文化"活动流程

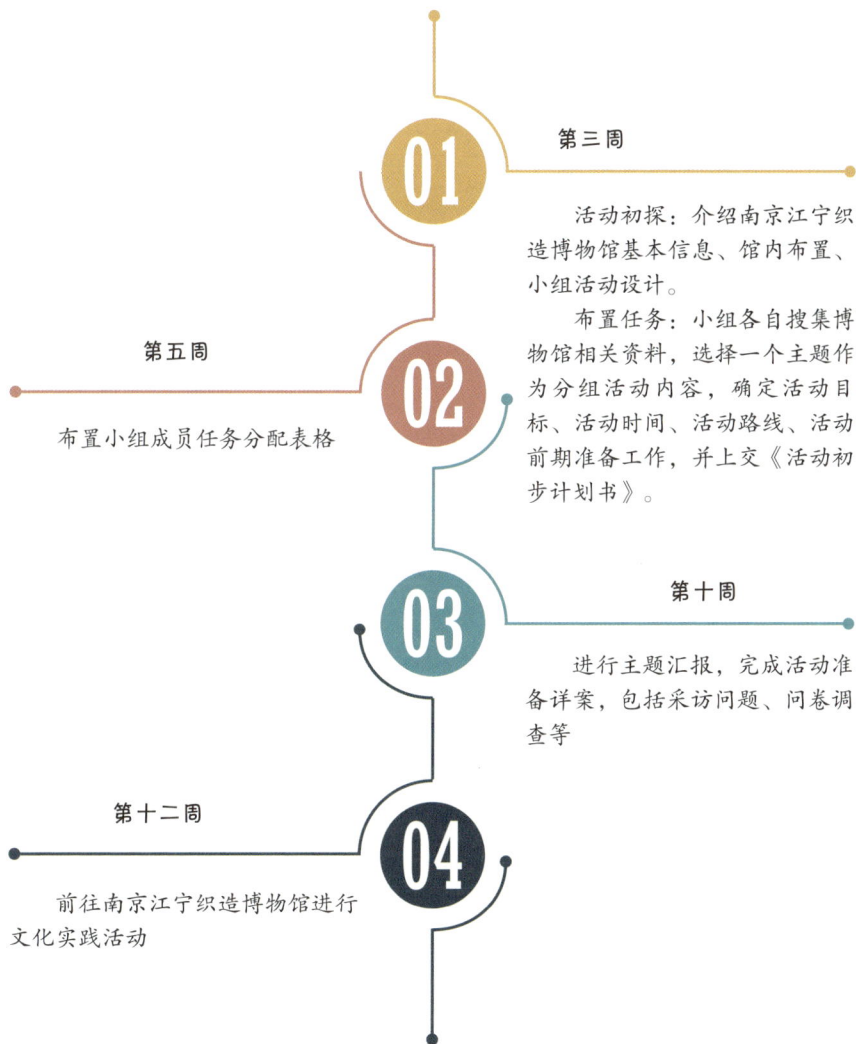

**01** 第三周

活动初探：介绍南京江宁织造博物馆基本信息、馆内布置、小组活动设计。

布置任务：小组各自搜集博物馆相关资料，选择一个主题作为分组活动内容，确定活动目标、活动时间、活动路线、活动前期准备工作，并上交《活动初步计划书》。

第五周 **02**

布置小组成员任务分配表格

**03** 第十周

进行主题汇报，完成活动准备详案，包括采访问题、问卷调查等

第十二周 **04**

前往南京江宁织造博物馆进行文化实践活动

**附件三** 探"红楼文化"学生任务单汇报

第一章

《红楼梦》任务单

一、参观之前
1. 此次参观的目的

2. 此次参观需要达到的目标

3.

二、关于云锦的观察

| 云锦图案的相似处 | 不相似处 |
|---|---|
| 弓与箭 | |
| | |
| | |
| 与中国传统相关 | |

云锦的图案、配色和整体特色有什么关系？

云锦的织造特点是什么？

有梭织布机　　　　　无梭织布机

3. 查阅图书馆里的书籍，在这里记下任何重要的数据以及资料。

1. 《红楼梦》的织锦现在人们眼里

2. 曹家与现代社会中大家族的对比

三、关于纺织的采访问题
1. 纺织的程序

2. 为什么纺织过程中，纺织的人要不断地拉着布机上的木条？

3. 画出一个梭子

为什么梭子要设计成这个形状（枣核形）？它在纺织过程中起到的作用？

4. 织布机（或其他纺织用品）的工作原理？

附件四 探"红楼文化"活动照片

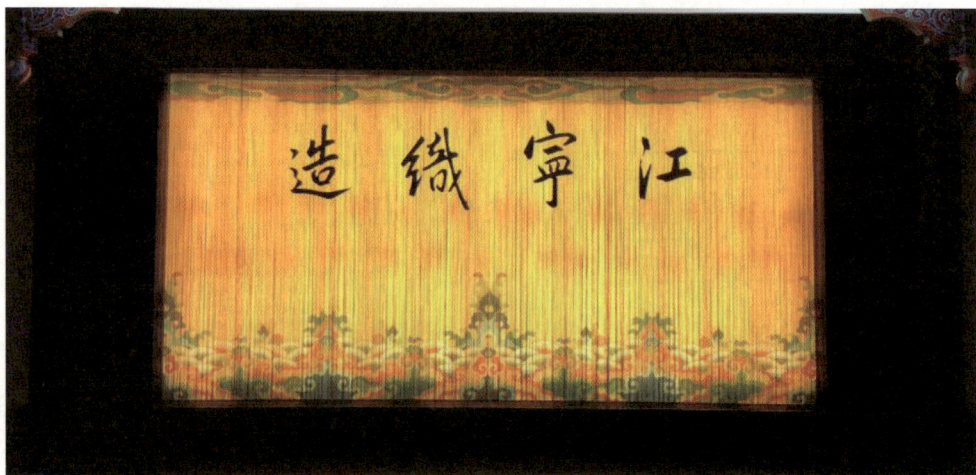

**附件五** 探"红楼文化"课堂汇报照片及汇报视频链接

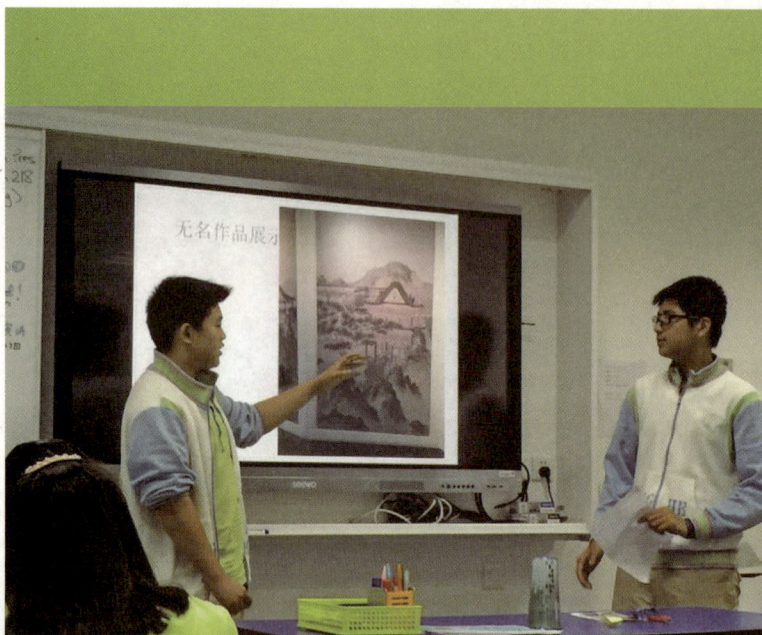

附上学生汇报作品视频链接：http://www.meipai.com/media/514968118

# 走近南京
## ——记八年级南京社会实践活动

徐可心　蒋天翊

伴着五月初花气袭人、鹊声穿树，我们八年级来到了中华古都——南京。这次南京之行虽然只有短短两天，但是因为八年级同学出行前的精心准备和历史、语文老师及班主任的统筹配合，进展得有声有色。

整个社会实践活动从开始准备到总结汇报历时两个月。对于人文学科来说，这是一次"南京大屠杀"的"即视"；对于语文学科来说，这是《红楼梦》背后故事的渊源。作为学生的我们任务繁重。第一天计划参观中华门、南京大屠杀纪念馆，体验战争的残酷与血腥；第二天参观江宁织造博物馆（曹雪芹故居），感受《红楼梦》的文化内涵，以及曹雪芹"一把辛酸一把泪"的血泪史。

5月6日的早晨，我们的行程在四个小时大巴的颠簸后揭开了帷幕。

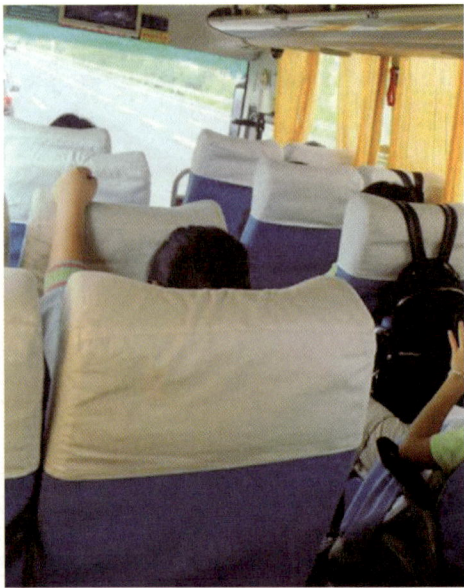

我们去的第一处景点是"天下第一瓷城"中华门。中华门是南京明城墙的十三座明代内城门之一，是中国现存规模最大的城门。但这么一座雄壮的中华门也是日本人进军南京时打破的第一座城门。站在崇墉百雉、血泪斑斑的城门上，俯视着南京这一座美丽宁静，然而曾经战火纷飞、血流漂杵的城市，我们不禁感叹："长痛此门陷，南京千古伤。冤魂三十万，倭贼敢偏忘。"

下午的行程更为沉重，在淅淅沥沥的冷雨中，我们怀着满心的敬畏与庄重，来到了南京大屠杀纪念馆。纪念馆门前的一座座受难民众的雕像，被恐怖笼罩的绝望的脸在向我们发出无声的求救，纪念厅内整面墙壁满满的遇难者姓名，向侵华日军发出愤怒的控诉。

当时日本人进军南京时有一个"三光政策"，即"烧光、杀光、抢光"，军官们还竞相进行"杀人游戏"，其恐怖、残忍令人发指。参观了纪念馆的我们，看到了门前的一系列雕像，真实照片和事件的记录，以

及两面满满都是受难者姓名的墙壁。受难者300000，这不只是简简单单的一个数据，而是真正刻骨铭心的中国同胞的痛苦，揭露了日军的残暴，战争的血腥、恐怖和惨不忍睹。

经历了第一天"腥风血雨"的洗礼，我们如释重负，怀着相对轻松的心情开启了南京之行的第二天——江宁织造府实地探访。作为语文文化课的社会实践，我们在来到江宁织造府之前对于中国古典小说《红楼梦》进行了深入的研究。每个小组各自选择了不同主题（云锦、织物、园林、曹家兴衰等等）进行了充分的行前准备。

　　大家怀着兴奋而期待的心情走进这座喧嚣城市中的一抹阴凉，通过速写、摄影、采访、阅读等方式，完成了组内自己设计的学习单，并通过看、听、闻、问、摸，将书中二维的文字世界转化成三维的、多元的、彩色的全方位浸润式体验，从而对《红楼梦》有了进一步的认识。

# 九年级

# 文化寻根

## 一、课程目标

1. 感悟文学作品深意。

通过对阅读课程现当代文学中与上海联系密切的作品的学习，了解上海在政治、经济及文化层面经历的变迁。学习者应更好地理解作品发生的基础和情节发展的缘由，增强其学习兴趣。

2. 提高人际交往能力。

一方面，以小组为单位自主完成民俗课程任务，组员之间学习合理分配任务以及协商解决问题，强化小组内部的团队协作精神。通过外出采访、完成问卷调查和个案分析等活动，学习者可提高适应校外环境和沟通的能力。另一方面，依托双语教学的优势，强化学习者的国际化视野和多角度研究意识。学习者在数据收集阶段联络的对象不仅有国人，也有在沪的各类外籍人士，这不仅丰富了原始数据的结构类型，而且提高了数据本身的信度和效度。

3. 训练报告文学写作。

通过前期学术论文写作的训练，学习者了解了科学的学术写作要求，掌握了基本的学术写作方法。在该民俗课程结束后，各学习小组要结合前期的文献归纳和后期的数据收集、案例分析完成一篇高质量的调查报告，作为整个课程学习的汇报总结。报告应当遵循科学严谨、有理有据、言之有物的要求，以进一步提升学习者的学术写作能力。

## 二、课程内容和结构

### （一）课程内容

九年级的民俗课程内教学是基于阅读课《中国现当代文学作品选》的学习拓展进行的。《中国现当代文学作品选》内容涵盖了自"五四"文化运动以来各个流派诸多名家的文学作品，包括小说、散文、戏剧和诗歌四个种类。教师从中精心挑选了茅盾、巴金、张爱玲等作家的一系列代表作品，并在其中选择了与上海的城市变迁、市井民俗相关的内容作为民俗课程的学习内容。除了对相关文学作品的课堂学习外，学习者还需要在教师的指导下以小组为单位，自主选择主题进行调查分析，完成本组的调查报告。

### （二）课程结构

1. 拓展型课程

《中国现当代文学作品选》中有不少作品与上海及其周边的江浙地区联系紧密，小说部分中，茅盾的《子夜》借助上海苏州河上旖旎的景色拉开序幕；王安忆的《长恨歌》通过上海四处不同环境来烘托主人公不同的人生阶段；此外，张爱玲的海派文学和萧红的部分作品也借助建筑、民俗等角度来体现上海这座城市的特色。除了小说，诗歌代表作品《雨巷》，戏剧名作《雷雨》等作品都是以上海周边城市作为背景进行创作的。针对这些学习内容，学习者在文学课上需要运用"知人论世"的方法了解时代和环境特点，并从环境描写对作品产生的效果进行深入分析。

2. 研究型课程

（1）小组前期筹备和小组汇报

经过前期对文学作品的学习，班级中四个学习小组逐步讨论并确定各自的调查主题，分别涉及民俗、建筑、美食等领域。各小组在教师的协助下进一步将主题确定为黄草编、美食小吃（小笼、生煎、糯米食品）、建筑、顾绣和上海名人等细致明确的内容。

此后，小组独立完成文献综述、可行性报告和前期调查采访，积累原始资料，并以此为基础在班级进行第一阶段的汇报。汇报过程中每个组都发现自身在调查中考虑欠妥的地方，在其他小组的帮助下找出切实可行的解决办法。

（2）社会实践和调查报告

在课程学习的后期，全体学习者由教师带队前往上海城隍庙附近进行社会实践活动。在此阶段，各组分别从实地考察、问卷调查和个案采访等角度进一步补充调查资料和数据。完成该阶段实践后，以小组为单位，根据各部分的任务分配，撰写2000字左右的调查报告，分别从前期准备、数据分析和总结反思等角度，反映整个课程学习中学习者的思考、感悟和心得。

## 三、课程安排

1. 拓展型课程

九年级的民俗课程选取了《中国现当代文学作品选》中涉及上海的作品进行教学。课程安排为每两周一课时，每学期九课时，每学年十八课时。

2. 研究型课程

（1）小组前期筹备及小组汇报（前半学期）

○ 选题——文献综述——可行性分析

在前半学期的课程学习中，学习者一开始需要进行分组，然后以小组为单位选择研究方向。研究方向的选择原则上以"一九一九年之后的上海"为基础，学习者可以从衣食住行等不同角度进行本土文化探究。在学期开始的第二周至第五周，通过小组内部讨论、师生讨论和班级汇报三个环节，每个小组将研究方向细化为具体的一项分支，保证研究的切实可行。

在筛选研究方向的同时，各小组还需要进行文献阅读，小组成员在中国知网、百度文库等平台上进行文献阅读，尽可能完整地阅读并总结前人在各研究领域的建树。完成选题之后，在第六周完成文献综述，一方面再次完善小组的研究设计，另一方面避免重复前人工作，努力实现研究中的创新。

第七周和第八周，每组需要针对日益清晰的研究计划进行任务细分，同时着手设计小组内部的前期调查走访，针对可能出现的困难和意外情况提前设计解决方案，最终形成小组研究的可行性分析报告。

（2）社会实践和调查报告（后半学期）

○ 问卷+采访——阶段性汇报总结——调查报告写作

后半学期的课程重点是外出实践，该阶段从第十周贯穿至第十五周。首先在第十周和第十一周，教师针对学习者外出实践中可能需要完成的问卷调查和采访进行指导，培养学习者科学地设计调查问卷的能力，培养学习者高效优质地完成采访的能力。教师负责引导学习者收集二十份以上的有效问卷，同时完成至少一份与研究方向紧密相关的调查采访，形成各小组前期的第一阶段积累材料。

各小组将文献综述、可行性分析报告和第一阶段积累材料进行总结，在第十二周生成阶段性汇报总结，通过演示文稿或者照片等形式向全班进行阶段性汇报。在汇报过程中，各小组互相借鉴科学的调查方法以及顺利收集数据的诀窍，同时互相提醒前期数据收集中出现的纰漏，为最终的外出实践明确任务目标。

在第十四周，由教师带队带领所有学习者前往上海城隍庙进行"寻根"活动的实践，各小组根据既定的任务目标自行收集数据和资料，并在接下去的一周内完成调查报告的撰写。该报告涵盖文献综述、实践活动设计、数据分析和总结反思。

## 四、课程实施

1. 拓展型课程的实施

（1）教学内容

以《中国现当代文学作品选》的学习为基础，以文学作品的学习为依托，从文学作品背景和内涵中挖掘民俗文化的内容。上半学期通过欣赏"五四"新文化运动中的作品（如《子夜》）中对上海的环境的描写，进行对城市文化的了解。同时，欣赏张爱玲的海派文学，加强对老上海民俗文化底蕴的了解。中国当代文学作品教学以王安忆的寻根文学为例（主要作品为《长恨歌》），深入浅出地向学生介绍故事情节勾勒出的上海城市变迁的特点。

（2）教学形式

阅读、资料收集、文学鉴赏及论文写作。"文化寻根"的内容贯彻在文学作品的日常教学过程中，学习者在阅读作品、搜集作品背景资料的同时，对老上海和改革开放后的上海会有完整而全面的认识。特别是《长恨歌》一文中"以人写城"的表现手法是在文学鉴赏过程中要让学习者进行重点分析和讨论的。有了文学作品学习的依托之后，学习者便能自发了解老上海各类民俗文化的内容，如服饰、美食、建筑和名人等。

（3）教学过程

小组合作学习，主要体现在课下的预习作业和课堂的主题讨论中。拓展型课程中布置的学习任务将用于研究型课程的学习与准备中，学习者以小组为单元，通过研究、讨论、投票和裁决，共同选择一个围绕"文化寻根"内容展开的主题。在日常教学过程中，教师要尝试在作家的作品中挖掘学习内容，引发学习者更多的思考和讨论。

2. 研究型课程的实施

（1）依托以"文化寻根"为主题的民俗文化课的拓展型课程展开的研究型课程，主要形式为社会实践活动课程及活动结题汇报展示两种，以学习者为中心的自主活动为核心内容，有效地与语文课的文学作品的课堂教学内容相结合。

（2）活动课程为必修课程的延伸形式。在活动的实施过程中，文学作品的学习是根本，教师的引导是基石，学习者的自主实践活动和体验学习为主要实施部分。课程旨在提升学习者初中阶段语文多元化学习的能力，拓宽学习者探索学习的渠道，丰富学习者的经历和经验。在外出实践活动环节中，从前中后期的分阶段要求布置中，学习者可锻炼小组合作学习的能力，在合作中碰撞出的思维火花能帮助学习者更好地完成自己设计的活动方案；在活动结题汇报展示中，学习者可灵活运用多媒体和大数据的制作形式，选择除文本报告以外的更多元化的形式汇报总结。

3. 社会实践活动课程的实施分为以下三个环节

（1）活动实施前

在拓展型课程的文学作品相关的课堂教学之后，学习者逐步对上海的城市变迁以及与民俗相关联的内容有了充分的认识和了解。整个活动课程的开展是以学习者为中心的，学习者自行选择自己感兴趣的主题内容，各自分组，根据老师提供的活动计划书模板，自行制定"寻根上海"的活动计划书，计划书中包括活动目标、活动内容及任务分配。教师会根据各组设计的计划书给予相应的修改建议，提出细致的方案，学习者在规定时间内，完成计划书的终稿制定。

（2）活动实施中

根据学习者自主制定的计划书及任务分配要求，各组学习者需要在外出活动前，先利用课下的时间，在各自规定的时间内，完成自己范围内的工作任务，如各类细节资料的查阅和外部资源（如美食店铺）的相关信息的搜寻。学习者要利用课堂教学时间，进行前期任务汇报。汇报中主要涵盖资料搜集后的概述及各组自主制定的调查问卷和采访稿，汇报过程中其他组的成员会给出相应的意见。在外出活动过程中，各组学习者将携带制定好的调查问卷和采访稿，前往上海城隍庙进行实地的实践活动，任务分配书等资料设计请参阅附件。

（3）活动实施后

各组完成结题报告书，以文本的形式，根据教师指导的结题报告模板，完成调查和采访后期的结果汇总，并对前期汇报进行概括和归纳，总结整个社会实践活动的收获，反思不足之处。除了文本的结题报告以外，各组学习者以照片剪辑或视频的形式，展示整个实践活动课程的成果。

4. "文化寻根"民俗课程学习成果展示汇报活动的实施分为以下三个环节

（1）活动实施前

通过小组讨论研究和教师的指导建议，各组确定"文化寻根"——上海之行的主题内容。前期做好充分的资料搜集和数据统计，以小组汇报的形式做出前期总结。

（2）活动实施时

"文化寻根"——上海之行的活动进行过程中，学习者根据提前踩点的方位，在上海城隍庙商圈范围内的地域进行调查，着重于制表和绘图以及数据统计和原始资料的搜集。

（3）活动实施后

学习者根据教师给出的报告模板，完成一篇2000字以上的结题报告。同时，利用课堂的时间，结合活动前期的汇报演示，进行"文化寻根"的结题报告总结。

## 五、课程评价

### （一）拓展型课程的评价

九年级"文化寻根"的民俗课程的开设，是基于语文课教学过程中对《中国现当代文学作品选》的学习。学习者在文学作品的学习中对作品背景和与文化底蕴相关联的内容有了全面透彻的了解以后，从民俗主题的角度出发，选择相关的内容进行衍生性的学习和调查。拓展型课程部分的评价主要被涵盖在语文课的考核过程和课堂汇报演讲中。在期中和期末考试中，学习者分别以口试和笔试的形式完成民俗课部分基础型内容的考核。考核结果直接呈现在学习者的语文成绩中。（课堂汇报演讲的评价表见表9-1）

### 表9-1　九年级文化寻根演讲评价表

| 考核项目 | 评分标准 | | | | | 得分 |
|---|---|---|---|---|---|---|
| | 5 | 4 | 3 | 2 | 1 | |
| 仪容仪表 | 全程有目光交流；表情自然，自信微笑；配合恰当的肢体语言 | 有目光交流；表情较自然；肢体语言自然 | 偶有目光交流；表情略紧张；肢体语言拘谨 | 无目光交流；表情紧张；站姿不正 | 表情不自然；站姿不正，有小动作 | |
| 演讲内容 | 准备充分；内容充实；主题明确；互动充分 | 准备较充分；内容较充实；主题较明确；略有互动 | 演讲有准备；有内容有主题；偶有互动 | 准备不足；内容较简单；主题不明确；无互动 | 准备较少；内容过于简单；主题不明 | |
| 结构与时间 | 结构完整；逻辑清晰；控制时间合理 | 结构较完整；逻辑较清晰；时间安排较合理 | 有一定的条理；逻辑不够清晰；时间过长 | 有一定的条理；逻辑不够清晰；时间不足 | 条理不够清楚；时间安排不合理 | |
| 语言表达 | 语言表达流畅；吐字清晰；发音准确；声音响亮 | 语言表达流畅；吐字较清晰；发音较准确；声音不够响亮 | 语言表达较流畅；声音响亮；吐字、发音有欠缺 | 语言表达欠流畅；声音较轻；吐字、发音有欠缺 | 语言表达不流畅；声音过轻；吐字、发音存在问题 | |
| 演示文稿设计 | 版式精美；文字清晰；能熟练运用多媒体（有音乐或动画）；演示流畅 | 版式较精美；文字较清晰；能运用多媒体（有音乐或动画）；演示较流畅 | 有版式设计；字体比例适中；有多媒体；演示稳定 | 版式设计简单；字体大小需调整；无多媒体；演示较稳定 | 版式设计太简单；字体不恰当；无多媒体；演示故障多发 | |
| 合计得分 | | | | | | |

（二）研究型课程的评价

1. 社会实践活动课程的评价主要以结题报告作为依据，在课堂汇报讲解和课下互评（小组互评，组员互评，教师和家长的反馈）中展开。学习者在结题报告中会添加各类的照片和视频，以及采访实录和数据汇总，以便于进行论述。在评价过程中，重视结果的准确性和活动目标的契合度，以及形式的多元化。

2. 成果汇报展示的评价主要采用课堂汇报演讲的形式。挑选最优秀一组的组长负责新闻稿的撰写，发表在学校的微信平台上。

### 表9-2　九年级文化寻根调查报告评价表

| 考核项目 | 权重 | 评分标准 | | | | | 得分 |
|---|---|---|---|---|---|---|---|
| | | 5 | 4 | 3 | 2 | 1 | |
| 调查目的 | 10% | 1.目的明确。2.目的实现具备可行性。3.目的与主题紧密联系。 | 1.目的较明确。2.目的实现有很少的困难。3.目的与主题有联系。 | 1.目的不太明确。2.目的实现有困难。3.目的与主题有部分联系。 | 1.目的不太明确。2.目的实现有很大困难。3.目的与主题没有联系。 | 1.目的不明确。2.目的实现不具备可行性。3.目的与主题没有联系。 | |
| 调查步骤 | 10% | 1.调查步骤清晰易懂。2.调查步骤科学合理。3.调查步骤有详尽细节描述。 | 1.大部分调查步骤清晰易懂。2.大部分调查步骤科学合理。3.调查步骤有充分细节描述。 | 1.小部分调查步骤清晰易懂。2.小部分调查步骤科学合理。3.调查步骤有简要细节描述。 | 1.调查步骤不清楚。2.调查步骤缺乏逻辑。3.调查步骤很少有细节描述。 | 1.调查步骤非常混乱。2.调查步骤缺乏逻辑。3.调查步骤没有细节描述。 | |
| 调查资料 | 20% | 1.通过多种方式搜集资料（文献、采访、调查问卷）。2.调查资料真实可信。 | 1.通过多种方式搜集资料（文献、采访、调查问卷）。2.资料的科学性和真实性有部分误差。 | 1.通过多种方式搜集资料（文献、采访、调查问卷）。2.资料的科学性和真实性有较大误差。 | 1.通过单一方式搜集资料（文献、采访、调查问卷）。2.资料存在严重误差。 | 1.通过单一方式搜集资料（文献、采访、调查问卷）。2.资料不具备科学性和真实性。 | |

（续表）

| 考核项目 | 权重 | 评分标准 | | | | | 得分 |
|---|---|---|---|---|---|---|---|
| | | 5 | 4 | 3 | 2 | 1 | |
| 调查结论 | 30% | 1.调查结论达到目的要求。<br>2.全部结论以资料为基础。<br>3.调查结论具有很强的创新性。 | 1.结论基本达到目的要求。<br>2.大部分结论以资料为基础。<br>3.调查结论具有较强的创新性。 | 1.结论基本达到目的要求。<br>2.少数结论以资料为基础。<br>3.调查结论创新性不强。 | 1.结论基本未达到目的要求。<br>2.大部分结论与资料无联系。<br>3.调查结论创新性较弱。 | 1.调查结论未达到目的要求。<br>2.调查结论与资料毫无联系。<br>3.调查结论不具备创新性。 | |
| 语法及语序 | 5% | 1.没有语法错误。<br>2.没有语序错误。 | 语法及语序错误不超过2处。 | 语法及语序错误不超过5处。 | 语法及语序错误不超过10处。 | 语法及语序错误超过10处。 | |
| 格式 | 5% | 1.制作封面。<br>2.符合字数要求。<br>3.遵循字号、行距等格式要求。<br>4.正确使用插图及表格。<br>5.精心装订。 | 1.制作封面。<br>2.符合字数要求。<br>3.基本遵循字号、行距等格式要求，错误在2个以内。<br>4.正确使用插图及表格。<br>5.简单装订。 | 1.制作封面。<br>2.缺失字数不超过最低要求的五分之一。<br>3.很少遵循字号、行距等格式要求，错误在5个以内。<br>4.使用了插图及表格但有个别错误。<br>5.简单装订。 | 1.没有封面。<br>2.缺失字数不超过最低要求的四分之一。<br>3.很少遵循字号、行距等格式要求，错误在10个以内。<br>4.使用了插图及表格但有较多错误。<br>5.粗糙装订。 | 1.没有封面。<br>2.缺失字数不超过最低要求的三分之一。<br>3.很少遵循字号、行距等格式要求，错误在10个以上。<br>4.未使用插图及表格。<br>5.未装订。 | |
| 原创性 | 10% | 1.具有丰富的原创内容。<br>2.对于前人的借鉴不超过10%，并且标明借鉴内容。 | 1.具有较为丰富的原创内容。<br>2.对于前人的借鉴不超过20%，并且标明借鉴内容。 | 1.具有部分原创内容。<br>2.对于前人的借鉴不超过30%，并且标明借鉴内容。 | 1.具有较少的原创内容。<br>2.对于前人的借鉴不超过40%，较少标明借鉴内容。 | 1.没有原创内容。<br>2.对于前人的借鉴超过40%，不能标明借鉴内容。 | |
| 提交时间 | 10% | 准时提交。 | 迟交时间不超过24小时。 | 迟交时间不超过72小时。 | 迟交时间不超过一周。 | 迟交时间超过一周。 | |
| 合计得分 | | | | | | | |

**"文化寻根"活动流程安排**

### 九年级"文化寻根"实践活动

| 周次 | 准备时间 | 内容 | 提交时间 |
|---|---|---|---|
| 第一周 | 2.22-2.28 | 个人活动计划书 | 2.29 |
| 第二周 | 2.29-3.6 | 小组活动计划书 | 3.7 |
| 第三周至第四周 | 3.7-3.13<br>3.14-3.20 | 小组任务分配介绍可行性分析 | 3.21 |
| 第五周 | 3.21-4.15 | 准备口头汇报 | |
| 第十周 | 4.18-4.22 | 口头汇报 | |
| 第十一周 | 4.25-4.29 | 问卷、采访提纲等补充材料 | 5.3 |
| 第十二周 | 5.3-5.13 | 结题报告初稿第一部分 | 5.13 |
| 第十四周 | 5.16-5.20 | 外出实践 | 5.20 |
| 第十五周 | 5.23-5.27 | 结题报告初稿第二部分 | 5.27 |
| 第十六周 | 5.30-6.3 | 结题报告终稿 | 6.3 |

**附件二** ▶ "文化寻根"活动策划可行性报告及任务分配书

## 九年级"文化寻根"活动策划可行性报告（初稿）

活动开展意义：

可行性分析：

外部环境：

内部活动：

可行性分析结论：

应急方案：

## 九年级"文化寻根"任务分配书

| 组员 | 内容（不少于100字叙述） | 备注<br>（任务完成截止日期等） |
|---|---|---|
|  |  |  |
|  |  |  |
|  |  |  |
|  |  |  |
|  |  |  |

附件三　　"文化寻根"活动照片

寻根上海
XUN GEN SHANG HAI

# 糯米饮食文化探究研究报告

## ➥ 调查背景

　　众所周知，上海是一个饮食文化极其丰富的城市；而在上海众多的传统小吃中，我们组选择调查糯米这个主题。首先，糯米是一个人气颇高的食材，它口感软糯，口味偏甜，不管男女老少、本地或是外地人都对它非常喜爱。许多本地人甚至每天三餐中必有一餐包含糯米。其次，江南一代地区以上海为首对糯米类小吃情有独钟；上海人研发出了许多种糯米类小吃，比如酒酿圆子、青团以及崇明糕等。上海人对糯米的特殊喜爱能够追溯到许多年甚至几百年前，说明糯米对上海人的意义极其重大。种种证据显示，上海人对于糯米的喜爱远远超出了外地人，而这也是为什么我们选择了糯米小吃这个主题。

## ➥ 调查基本情况

　　一、调查目的

　　我们此行的调查目的是了解糯米高人气背后的原因，解答上海人对糯米一类的小吃情有独钟的原因，了解糯米繁多的种类和做法以及外地人与上海人对于糯米而言的不同喜好。

## 二、执行情况

● 过程

到达目的地后我们很快就找到了之前联系好的店——和丰楼。进入餐厅后我们看到了各种各样的上海食物，在考察一圈之后，我们把目标锁定在糕点区域。组员们纷纷挑选了几种糯米小吃并且拍了照片。终于到了可以坐下来细细品尝的环节啦！吃完之后我们带着照相机采访了正在厨房准备食物的厨师，并在那里对他进行了面对面的采访，我们向他询问了许多问题，他也非常耐心地一一回答。最后我们拿出了提前准备好的调查问卷，分头行动，分发给在餐厅用餐的食客，并请他们填写。

● 困难

1. 可能因为当天下雨的原因，所以客人不是特别多

2. 许多客人都不愿意填写调查问卷

3. 因为餐厅里的小吃都是事先做好的，并且可能放着有一段时间了，所以味道和口感都不是最佳

## 三、被访者情况

我们小组抵达城隍庙后，开始搜寻采访目的地——和丰楼。这次的寻根活动，我们作为探寻传统糯米小吃的小组，采访内容主要分为两部分：店家和食客。和丰楼里面从上海的小笼包到广州的点心，各色的小吃应有尽有，食客来来往往，非常符合我们的采访条件。首先我们找到了在柜台后面放蒸笼的一位师傅，对他进行采访。这位师傅回答了我们不少问题，例如"哪种糯米小吃比较受欢迎"，还有"店里什么时候最热闹"，以及"为什么上海的糯米小吃种类多"等等。我们小组成员也不忘自己品尝几种上海糯米小吃，感受它的魅力。接下来是很重要的一部分——对食客进行问卷调查。我们兵分五路，每人手里拿着几份调查问卷，分散在和丰楼四处。大部分食客的态度都十分友好，耐心地帮助我们完成调查，并且对我们的活动表示支持。当然也有一些食客对这个调查不感兴趣，我们也遇到一些比较难搞的情况，比如正在吃东西没法用手写字，或者

对问卷上的问题不理解之类的，有些我们成功解决，也有些时候只能另找他人。最后我们发现大部分接受调查的食客是外地人，本地人的答案不够多，所以我们来到大街上寻找更多的本地人接受调查，为的是让我们的调查结果更均衡，覆盖面更广。

## ↘ 调查结果

一、调查对象

1.若干食客

2.两位店里的糕点师

小组成员通过提前设计并分发调查问卷的形式了解了众多食客对于上海传统糯米小吃的喜好、看法等等。我们一共收集了33份调查问卷，其中有19位外地人（分别来自河南、河北、湖南、湖北、江苏、贵州、广西等地），有14位上海本地人。

二、调查问卷数据分析

● 外地人

1. 10%每周吃糯米小吃；16%每半个月或更长时间吃糯米小吃；74%很少吃糯米小吃。

2. 48%选择酒酿圆子；33%选择粢饭团；5%选择崇明糕；14%选择青团。

3. 38%因口味偏甜喜欢糯米小吃；62%因口感软糯。

4. 93%不会在家里做糯米小吃；7%会。

5. 湖南、湖北、河南、河北、江苏等地没有糯米传统小吃；贵州有传统糯米饭、浙江有汤团和粽子、广西有糍粑。

● 本地人

1. 53%每周吃糯米小吃；20%每半个月或更长时间吃；27%很少吃糯米小吃。

2. 43%选择酒酿圆子；33%选择粢饭团；5%选择崇明糕；19%选择青团。

3. 45%因口味偏甜喜欢糯米小吃；32%因口感软糯；14%因种类、口味众多；9%因其他原因。

4. 86%不会在家里做糯米小吃；14%会。

## 外地人和上海本地人对传统糯米小吃的偏好统计

| 统计项目 | 项目详细 | 外地人 | 本地人 |
|---|---|---|---|
| 吃糯米小吃的频率 | 每周一次 | 10% | 53% |
| | 每半个月或更长时间 | 16% | 20% |
| | 很少 | 74% | 27% |
| 最喜爱的上海糯米小吃 | 酒酿圆子 | 48% | 43% |
| | 粢饭团 | 33% | 33% |
| | 崇明糕 | 5% | 5% |
| | 青团 | 14% | 19% |
| 喜欢糯米小吃的原因 | 口味偏甜 | 38% | 45% |
| | 口感软糯 | 62% | 32% |
| | 种类繁多或其他原因 | 0% | 23% |
| 是否会在家自己做糯米小吃 | 会 | 7% | 14% |
| | 不会 | 93% | 86% |
| （针对外地人）家乡是否有传统糯米小吃 | 湖北、湖南、河北、河南、江苏 | 没有 | |
| | 广西、贵州 | 传统糯米饭、糍粑 | |
| | 浙江 | 汤团、粽子 | |

三、针对糕点师的采访结果

● 糕点师1，男，30岁左右：

他给我们介绍了店里的多种糯米小吃，例如：糯米糖藕、血糯米粥等等，种类非常繁多。他也告诉我们，一般食客里面外地人相对比较多，中午到下午时段食客较多。但是，当我们问到他店里何时开始做糯米小吃时，他表示自己也不清楚。另外，我们发现这家店的小吃价格普遍偏高，例如一小盘糯米糖藕高达三十多元，且味道也很一般。

经小组成员商讨，我们一致认为，在城隍庙这样一个热闹的旅游景点，许多上海传统小吃都被商业化了，甚至变味了，失去了原本最传统的味道。我们可以看出城隍庙里的传统小吃、传统饮食文化在商业的逼迫下难以保存原本的味道。

## ↘ 调查结论及分析

首先，从统计表中能很显然地看出上海本地人吃糯米小吃的次数要比外地人频繁许多，一半以上的本地食客每周至少吃一次糯米小吃；而绝大部分被调查的外地食客表示他们"很少吃糯米小吃"。

第二，无论是本地人还是外地人，在面对"最喜爱的上海糯米小吃"的问题时，大部分人都选择了最具代表性的酒酿圆子，排在第二的是粢饭团，然后是青团，而崇明糕垫底。

第三，大部分外地人喜欢糯米小吃的原因是口感软糯，而本地人喜爱的原因则更多是偏甜的口味。

第四，极少数的外地人表示"会在家做糯米小吃"，而"会在家做糯米小吃"的本地人虽然占比比前者多一倍，但仍是少数。

第五，湖北、湖南、河北、江苏等地区的食客表示自己家乡"没有传统糯米小吃"；广西、贵州等地的食客表示家乡有传统的糯米饭、糍粑，浙江的食客表示家乡有传统的汤团、粽子。

上海传统糯米小吃的多样化是不可置疑和否认的——大部分外地食客都表示自己家乡没有糯米小吃；而其他地区的糯米小吃相比长江三角地区种类要少，都是些较普遍的糯米小吃。上海传统糯米小吃清淡软糯且偏甜的味道是其一大特点，也是大多数人喜爱它的重要原因。另外，由于糯米小吃精致、复杂的做法，大多数人不会在家尝试做。最后，我们发现上海许多地方的传统糯米小吃，例如城隍庙，都面临着被商业化的现状，使其失去了传统的味道、口感甚至是文化。

## ↘ 总结与反思

在这次的寻根活动中，我们小组通过对糯米小吃的探究，不仅对于这一个传统小吃有了更深的了解，对于上海——这座我们生活了很久的城市，也有了更强烈的羁绊的感觉。活动当天虽然下起了雨，给我们的调查带来了一些麻烦，但总体而言，这次的活动还是成功的。我们认为，在活动的时候我们还是有可以提高的空间：首先我们可以提早去考察地点踩点，其次在活动当天考察的小吃可以再多样化些，同时加入更多的文化元素。在考虑调查问卷时，应当更加注重外地人对于糯米小吃的理解这一部分。无论如何，在活动结束后，大家都感到收获满满。在糯米的香香甜甜中，我们仿佛感受到了这座城市悠悠地对我们陈述它的过去，我们仿佛感受到了城市里的人们细细品味着美好的当下，我们仿佛感受到了人们悄悄在糯米的糯香中展望未来。这次的活动，帮助我们了解到了上海这座充满了魅力的城市。当我们远走异国他乡，在不经意间回想起糯米的味道，会不会想到这座城，这种美……

# 小笼包饮食文化研究报告

## ↘ 调查背景

### 一、历史

作为南方的传统小吃，小笼包的起源难以考证。目前大多数人认为其来源是在靖康之变后，由北方的灌汤包子演变而来的。清代道光年间在现在的常州出现了各种形式的小笼包，并且在不同的地方产生了自己的特色，与此同时小笼包也流传到了北方的开封、天津等城市。而十分有名的南翔小笼包则是从上海郊区的南翔镇而来的。

### 二、做法

● 馅料

馅料的材料一般采用猪肉，且小笼包的馅料需要磨得十分细，从而达到食客所期待的口感。在馅料中还有一个必不可少的元素，那便是猪皮汤，制作时需把汤汁冷却再包入馅中，以增加馅料鲜美的味道。

● 面皮

南方的小笼包讲究馅多皮薄，一戳就破的面皮和鲜美多汁的馅料将带给食客美妙的味觉体验。所以说在制作面皮时，需用擀面杖将面皮擀到十分薄时才能收手。

## ➤ 调查基本情况

### 一、调查目的

我们九（1）班，班上大多数同学不是本地人。我们既然来到了这个城市，那便是缘分。为了这场缘分，我们决定去"寻根"上海，去寻找上海文化最本真的根源。众所周知，上海已经从最开始的小渔村飞速成长为一座繁华的国际大都市。这便使我们越来越难寻找从前事物的痕迹了。因此"寻根"也变得越来越重要了。

经过讨论，我们组的五位成员（黄晨安，文嘉琪，任子艾，涂佳宁，以及华聆汐）一致决定去寻找"小笼包"——这个上海代表性的传统小吃的根源及发展。其实小笼包制作工艺也是一种非物质文化遗产，因此调查小笼包是一件比"寻找美食"的"吃货之旅"严肃得多，且有深度有意义许多的事情。

通过前期调查，我们已经了解小笼包这一食品的大致历史背景与变迁，以及简易的制作方法。但"寻根"小笼包光靠这些显然是不够的。所以我们决定去上海地道正宗的小笼包店实地考察一下。上海最早出现小笼包的地方是南翔古镇，那边不仅有小笼包店，更是有一个科普小笼包知识的博物馆。但由于路途遥远、时间不当，我们只得选择了位于城隍庙的"南翔馒头店"。据调查，这是一家大受欢迎、口碑风评极好的店，许多外地人都慕名而来，因此调查采访这家店对我们的"寻根"也能带来非常巨大的帮助。

此次前往"南翔馒头店"，我们希望通过调查采访能够解答我们从网上找不到的问题，希望得到当事人最真实的回答。毕竟，"寻根寻根"，说到底寻的还是"人"与"文化"。

### 二、执行情况

我们一行人前往豫园路的"南翔馒头店"，是想采访食客、工作人员以及厨师等人对小笼包不同的看法。如果可以的话，我们也希望能够进厨房随厨师讲解进行全程录像。从理论上来讲，我们期望能够采访到来自各地区，不同年龄阶层的人的看法。但理想是丰满的，现实是骨感的，我们的许多期望都没能实现。但同时，也有很多意料之外的惊喜。

首先刚进门，我们想采访排队的人，就被拦了下来，表示要书面证明才可以进行摄影。无奈之下，我们只得先进店点了东西吃再说。在等上菜时，我们随机应变，在服务员制止前采访了两桌广东人。

到了下午，我们的待遇就全然不同了。说是预约了人，便把我们请到了布景高端许多的地方。问到能不能采访时，对方立刻爽快地答应说"随便来"，这态度的变化真是让人唏嘘不已。我们本来以为要采访主厨之类的厨师，没想到采访到了小笼包手工技艺的非文化遗产传人游玉敏经理。经理非常和善，回答也详尽，让我们度过了一个十分充实的下午。我们还顺便采访到了许多本地人，弥补了我们早上"寻根上海"只寻到广州人的遗憾。

## ↘ 调查结果

一、食客

外地人：4/6（来自广州，四川，成都等地）

● 食客1——四五位左右的中年广州游客

其中一位来过南翔馒头店，是一位老师。这次朋友来旅游，她推荐了这家店。

因为是老师，对小笼包有过了解，但现在忘了。

吃过的最正宗的小笼包就是在这家店。

她去过南翔古镇的店，觉得不好吃。这里的三楼是最正宗好吃的。

广州的不好吃，不正宗。而且小笼包太油，不宜吃太多。

第一次吃小笼包是在广州茶楼吃点心的时候吃的。点心中还是小笼包最好吃。来这里吃小笼包就是为了对比一下。

● 食客2——两位从广东来的年轻女游客

广东的小笼包和这里的小笼包相比，味道上还是有差异的，但样子都相同。

● 食客3——一位从成都来上海，二十多岁的男人

觉得成都的是最正宗的。

成都和上海的小笼包口味上没有太大区别。但上海的小笼包口味多一些，成都的

主要是葱和菜当馅儿，这里就多样化了。

●食客4——一个四川来的学生

高中、大学年纪的人不喜欢吃小笼包！

第一次在家乡吃小笼包，觉得还可以，不是很好吃。

●食客5——一位上海本地青年男子

吃过最正宗的小笼包在无锡。

●食客6——一对上海老夫妻

曾在南翔古镇工作20多年，强烈推荐我们去那边。

那里满街都是小笼包店，还有古绮园，非常值得一去。不像这里，因为是在景区城隍庙，小笼包非常贵，不划算。

最正宗的小笼包就在南翔古镇。这里的皮太厚太硬，那里的是真的皮软汤好，非常好吃。


二、游玉敏经理

Q：您做小笼包多少年了？

A：1996年从技校分配到这家店当学徒，一直做到现在经理的位置，为这家店申请了非物质文化遗产。

Q：您认为小笼包口味上从以前到现在有什么样的变化吗？

A：这家店一楼做的就是最传统的，油桌台，一个人做很多个，用手压的皮。肉汤用的是混水冻，黏黏的，吃完觉得很油腻。三楼是经过改良创新的，用粉桌台，皮都是用擀面杖做的。皮软，薄，馅也多，而且吃完不觉得嘴黏。

Q：您觉得这样的变化跟什么有关？

A：小笼包是上海的代表食品，所以很受欢迎。小笼包经过许多次改良创新，努力迎合不同国家人的口味，制作技艺也因此不同。随着时代发展，以后小笼包可能越来越健康。

Q：您认为南方和北方的小笼包最大的差别在哪里？

A：南方是宝塔形状的，北方比较扁。另外叫法也不同。

Q：南翔古镇的小笼包和这家南翔馒头店有什么关联？

A：南翔镇的仍保持着传统，在发展上有所区别。这家店，是由其创始人在南翔镇学习之后经过改良开在这里的。

Q：顾客是外地人多还是本地人多？

A：三分之一是上海的老顾客，三分之二是慕名而来的各地游客。一楼的几乎都是老顾客，一大早就来了。

Q：最传统的小笼包是什么口味？现在最受欢迎的是什么？

A：最传统的是猪肉，现在是海鲜，蟹肉一类的。

## ↘ 调查结果分析

关于顾客方面，我们的零散调查结果和游经理说的很符合，外地人远远多于本地人。觉得这家店最正宗的占很少数，大多数人都各持己见。由于这家店开在商业繁华区域，所以口味一定会是多样化的，从而导致了味道的"不正宗"。其实正宗这个词也非常抽象，每个人都有不同的理解。但可以确定的是南翔的确是上海小笼包的发源地。小笼包经过这么多年，除了南翔还在坚持着传统的道路外，其他店家都渐渐为了迎合食客口味，做出或大或小的改变。南翔馒头店做到的是传统与创新可以同时进行，因为这家店有不同的楼层。

## ↘ 总结与反思

在这次活动中，我们通过不同的手段，包括上网搜集资料、采访食客和与店长访谈，得到了关于小笼包的历史、来源、制作工艺、不同口味等种种非常有趣的知识。店里的食客对小笼包的看法也各异，有的很喜欢吃小笼包，特地从外地来只为一尝"南翔馒头店"的小笼包，也有一位老爷爷在南翔镇工作了数十年，对小笼包的各种知识了如指掌，当然，还有些直言"不是很喜欢吃小笼包"的。最大的收获来自于和店长的访谈，从非物质文化遗产——南翔小笼传人的口中得知了各种小笼包的差别，如有"采用传统手艺皮厚"的小笼包，有"改良过的小笼包"，皮更薄，口感更好，还有许多采纳世界各地美食、口味独特的创意小笼包。

当然，我们本可以做得更好，比如如果事先来过馒头店踩点，就会知道在三楼我们无法采访食客，就会转移到城隍庙的其他地方做调查问卷。对采访对象和地点准备得不够充分，直接导致我们上午在"寻根上海"活动中采访到的全部都是来"尝尝鲜"的外地人。再比如，如果资料搜索再详细一点，比如在采访前就知道小笼包的各种工艺、口味和详细的历史，也许我们就能问出质量好很多的问题，丰富我们的报告内容。我们做调查、写报告的时候甚至还可以对小笼包的历史挖掘得更深入，比如从小笼包的馅料反映出上海历史上主要食物来源（比如蟹粉小笼的材料就可以很好地反映出上海从前是一个依靠渔业的滨海城市），或者看出上海人爱吃的口味。如果这样做了的话，我们从这次"寻根上海"活动中得到的收获会更多，会更深入地了解上海这座城市的历史和文化。

因为这是完全由我们自己设计所有调查环节、联系采访对象的活动，所以，我觉得我们已经做得非常不错了。特别是联系馒头店给了我们很深的印象——打了好几次电话他们都没有回应。我们还因为临近活动日期而变得十分焦急。好在最后还是顺利地得到了"南翔馒头店"的同意，拍摄了小笼包的制作、店长的采访过程。从这次活动中得到的经验会帮助我们组每个人在高中阶段的各种项目中做得更好并且更从容。

通过这次寻根活动，我们对上海传统点心小笼包的了解不再停留于表面，而是进入了更深层的研究，并且学习了上海的饮食文化和历史。这让我们对于上海这座城市的印象更加深刻，更让我们无愧于在上海生活、学习过。

# 寻根上海
XUN GEN SHANG HAI

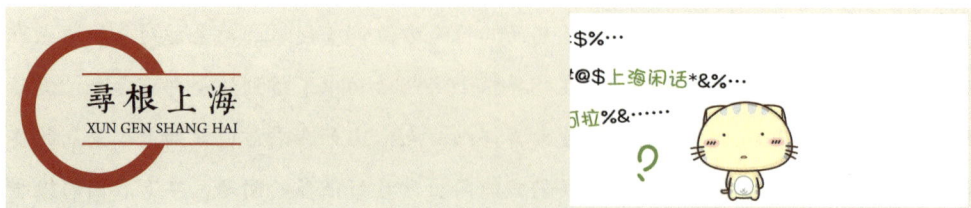

# 上海方言研究报告

## ↘ 调查背景

　　上海话，作为上海主流通用方言，承载着上海这座城市的时代回音、文化血脉、历史记忆。然而，在这个日新月异、与时俱进的时代，全中国都在推广普通话，上海话却渐渐消失。使用上海话的人们渐渐老去，而年轻一代却很少使用上海话。都说一个地方的一种语言是打开那扇文化之门的钥匙，上海话也是一个重要的非物质文化遗产。平和在2013年的时候开办过沪语选修课，公交车上也开始用上海话报站，而我们的寻根活动的意义就在于寻找上海这座城市的文化根源，因此我们选择上海话作为调查对象。

## ↘ 调查基本情况

　　一、调查目的

　　活动目标：通过对路人进行问卷调查的方式了解上海话在不同区县的上海人和非上海人中的使用情况，上海人和非上海人对上海话使用的熟练度，上海人和非上海人对于上海话的看法和态度，以及上海人和非上海人对于上海话的了解程度。

二、执行情况

我们在活动前的几个星期内在网上查找了许多关于上海话的资料，有上海话的历史、地区差异、使用情况，以及一些发音规律和发展。我们在开展活动的一个星期前设计了调查问卷。5月20日当天我们带着事先准备好的问卷，在路上，咖啡店，餐馆里随机选择路人进行问卷调查。当天因天气原因路人较少，人基本都在室内，极少数的路人在行走，就算拦下来，失败率也高达80%，天气闷热下雨也导致了很多路人的不耐烦，这给我们的采访带来极大的不便，98%的路人不愿让我们录像或拍照。我们小组的Alice负责拦路人、问路人和数据统计；Kevin负责拍摄、纪录总结；尼克负责前期准备；Tonyzie负责观察。最后我们把准备的30份调查问卷全部发出了，得到了各种各样的结果。其中虽然有马马虎虎做的，但是还是有很多好心人为我们耐心地做了这个问卷调查。一开始有些人是排斥的，后来Alice用熟练的上海话和他们沟通，让他们产生亲切感，随之接受采访，Kevin同学冒雨进行录像。

三、被访者情况

我们的采访地点一开始选择了路上，后来因天气原因转去了咖啡馆、餐馆等。刚开始随机挑选中国人，后来为了更好地调查上海话在不同区县的上海人中的使用情况以及对上海话的态度和了解程度，我们更关注采访本地人。其中3/8左右的人都愿意接受我们的采访，在愿意接受采访的人中有1/10的人同意在采访过程中被拍摄。多数被访者认真配合地完成我们的调查，但还是有极个别的人对我们的问卷调查很敷衍。在当天我们采访到了一个老人，他从事教育工作，他家里都是上海人，他个人特别喜欢上海话，觉得必须推广上海话、保护上海话，他也特别支持我们的活动，并觉得我们这个寻根活动特别有意义。

## ↘ 调查结果

一、调查数据分析

受采访者中有40%是本地人。

1. 目前城隍庙附近大多数都是外地人。

2. 受采访者平均年龄46岁。

3. 大部分受访的上海人来自中心城区（杨浦区，长宁区，虹口区等）。

4. 受访者中80%认为保护上海话需要看场合，30%认为不需要看场合。

5. 所有的上海人受访者都喜欢上海话，并且认为上海话很好听。外地人当中只有两个会说上海话，有十几个觉得好听但是听不懂。

6. 在会说上海话的人中，大部分人会说上海话是因为自小生活在上海。

7. 在会说上海话的人中，几乎所有人都在跟家人说话时用上海话。

8. 受访者89%愿意让孩子说上海话，受访者中6%说还要考虑，一个人说不愿意。

9. 97%的人想让上海话普及，3%（一个人）不想让上海话普及。


二、调查结论及分析

总的来说，上海话在城隍庙附近的普及率还是比较低的（因为那里大部分都是外地人），但可能也只有在上海的中心城区，上海话才有这样的普及率了。而且会说上海话的人，大部分都是中老年人，在受采访的4位年轻人中没有一个会说上海话的。大部分受访者都认为应该保护上海话，而且保护上海话是要看场合的，比如在有的正式场合还是不应该说上海话。我们可以看出来，虽然许多人都赞同要保护上海话，但用实际行动保护上海话的人却少之又少。而且上海话使用者也呈现出整体的老龄化趋势，使用上海话的人越来越老，新一代的年轻人却又很少用上海话。这样下去，再过50年，老一辈的人都离开我们之后，处在一个国际化的社会中，仅有的几个会说上海话的年轻人也会渐渐遗忘上海话，那时上海话将会彻底消亡。

## ↘ 总结与反思

对于这次的采访，我们组觉得非常有意义，如果不调查，我们并不会觉得上海话即将被遗忘。在这次活动中，因为我们组要调查的上海话是非物质文化，所以，前期在网上进行了很多相关资料的查找，并制作了调查问卷。得出结论：上海话虽然没有从前普及，但并没有被上海人遗弃。上海话在生活中依然保持着不可撼动的地位，为上海人之间的交流提供便利。上海人对待上海话普遍都有着积极热情的态度。上海话是上海当地的非物质文化遗产，大部分上海人提倡在适当的情况下保护上海话，小部分提倡在任何情况下都应当使用上海话。

我们组觉得这次活动不仅让我们了解了上海话现在的使用率和被了解率，也让我们发掘了沪语之美。然而此次调查条件有限，调查人群基数过低，得到的结论没有绝对的参考价值，但是此次调查为寻根活动提供了一定的帮助，促进了小组成员对上海人对于上海话的态度的理解。

寻根上海
XUN GEN SHANG HAI

# 顾绣文化探究小组访谈记录

Q：平和学生
A：顾绣传人钱月芳女士

Q：我们在展厅中看到了两幅您的作品，可以简单为我们阐释一下吗？

A：这两幅作品《洗马图》和《百鹿图》是我临摹韩希孟老先生的版本，他原作当中的山、石头和水波都是在绣完后用画填充上去的，但我的作品里用了虚实针法，以绣的方法把整幅画表现出来。画还是这幅画，但经过我的"再创作"以后，全部都是用针线绣出的了。

Q：刚才您提到了"虚实针"，这是一种顾绣的特有针法吗？

A：对的，虚实针就是针法中有疏有密，有紧有松，由粗至细，这样画面就会看起来虚实相接。虚实针在顾绣里是很重要的，比如当河岸和水之间没有确切的边线时，只能用波纹以及水颜色深浅的变化来表现边界，水的颜色是用同一颜色的针线，深浅变化就是运用虚实针，在靠近岸边时疏且细，这样水就显得"软"而薄。当色彩和针法运用得恰到好处时，这幅画才会真正有神韵。

所以其实绣一幅画就是画的再创作，顾绣就是以针代笔、以线代墨来给予一幅画特有的结构和刺绣的语言。

Q: 顾绣与其他绣有什么显著的区别吗？

A: 其实本质上是一样的，区别主要在于针法的要求与运用上。在刺绣时可用几十种针法，但按照我们顾绣的针法与色彩的要求，组合以后就形成了顾绣独有的特色。针还是这样用，只是各派的名称不同，组合针线时也有各自差别，形成的效果也就不同。所以不同地域的绣种都有各自的特点。

Q: 完成一幅顾绣作品大概要多久呢？

A: 如果你是初学者，或者刚接触顾绣没多久，大概要绣一年。但熟能生巧，一定程度的练习后，几个月就能完成一幅画作。这都是根据个人熟练程度和每天制作的时间来决定的。总的来说，顾绣作品是很费心思的，一个是基本功，另一个是质量与要求，比如像平绣这种传统针法是要下功夫的，所以时间会花费得比较多。

Q: 那顾绣现在在上海的发展和传承如何呢？

A: 其实现在年轻人能静下心来的不多，因为大多数毕业后都要找工作来养家糊口，而且他们可能也会觉得刺绣太繁琐、太寂寞。所以想要在上海大规模发展顾绣很难，现在能坚持下来的没有几个人了。一个是我们真的喜欢，一个是我们也想把老祖宗的东西给传承、发扬下去，不至于让这门艺术失传。

Q: 那您很小的时候就学习顾绣吗？

A: 我19岁开始学习顾绣，一做就是40多年，算是把青春献给它了。其实一辈子做一件事情，不管是做什么都肯定会做到极致的。如果你学了很多，那不会样样都很精通。像我自己，可能我在其他方面不如别人，但在刺绣方面我研究得还是很透彻的。每次展览上得到的好评与欣赏也是对我的一种肯定。其实一个人只要执着于一件自己真心喜欢的事，一定不会白做。我开始的时候只是一个绣娘，当时我也不知道自己将来会成为大师。这就是一个积累的过程。从一个绣娘，不断思索针法背后的艺术，达到大家眼中的大师水准。这也是一个提升自我修养的过程。大师只是一个名号，其实我还是在做着绣娘的活，不同的是顾绣背后的艺术和传统文化已经融入在作品里面了。

# 圆梦"寻根"之旅

## ——记九年级"寻根上海"语文实践活动

姚夷来 | 陈诗慧

2016年5月20日，平和学校九年级"寻根上海"语文社会实践活动在城隍庙圆满落下帷幕。本次活动从开展到尾声的敲响，共历时两个半月的时间，旨在让同学们增进对老上海的了解，极力寻觅那份遗失在光阴变迁和弄堂琐细间的时代文化。

在九（1）、九（2）班同学的精心准备和九年级语文组老师的统筹配合之下，活动取得了极大的成功，老师、同学们都受益匪浅。

学期之初，九年级的同学们便如火如荼地展开了"寻根上海"语文社会实践活动。两班同学各分为几个小组，从老上海的经典特色中选取了美食、建筑、语言、民俗，乃至黑帮等主题，希望从当下的商业大潮中寻找这座城市独有的"根"。在活动前期准备当中，各组同学先明确调查目的，组内商讨可行性报告，在查阅部分专业资料后，于四月中旬首先进行了一次前期准备报告。之后的时间里，大家积极联系城隍庙内与各自主题相对应的商家，提前踩点、起草调查问卷。在一切都预备妥当之后，于5月20日乘车抵达老上海风情汇集的殿堂——城隍庙，对各自的目标展开了实地考察。

队伍解散之后，各小组分头行动，向目的地进发。而两位语文老师则对同学们进行实时"跟踪"，在检查同学们活动成果的同时，也给予他们相应的提点与帮助。

九（1）班同学中，有三组都对上海当地美食进行探索，分别以小笼、生煎、糯米为主题。这部分同学不仅对自己联系的商家进行了考察，也对一路走来的各种小吃店展开探索，寻找不同品牌、时期的小吃，以及新老字号的异同。研究糯米的小组成员彭栩如说道："在我们的调查中，上海人普遍口味偏甜，而糯米正是这样一种口感微甜，且方便易做的小吃，这也是糯米成为广大上海人民的喜好的主要原因。"同学们一边品尝美味的食物，一边与店主、服务生进行沟通交流。大家在享受味觉的盛宴的同时，也学习到老上海的饮食文化，仿佛置身于一条条弄堂之间，听着邻居的唠嗑闲话，年代感十足。

除了美食，上海的民风民俗也是别具一格。九（2）班一个小组的同学研究了著名的嘉定黄草编织，并提前去嘉定对当地店铺进行了采访，希望通过城隍庙之行对黄草有更深入的了解。他们来到秋霞圃和阳光工坊，实地观摩黄草编织过程，学习编织技巧，采访工作人员，对各式各样的作品拍照留念。九（1）班也有一组同学对上海曾经风靡一时的刺绣——顾绣进行了研究。他们并没有直接去顾绣店铺实地考察，而来到苏绣店中，详细询问店主，再根据手中顾绣的专业资料将这两大名绣从形式、风格等各方面进行比较，归纳两者的异同以及各自的时代影响，对顾绣快要失传的原因总结出客观的评价。同学们有的将精美的工艺品永恒定格在相机中，有的买下较为便宜的手工制品，准备作为活动成果赠送给亲友。

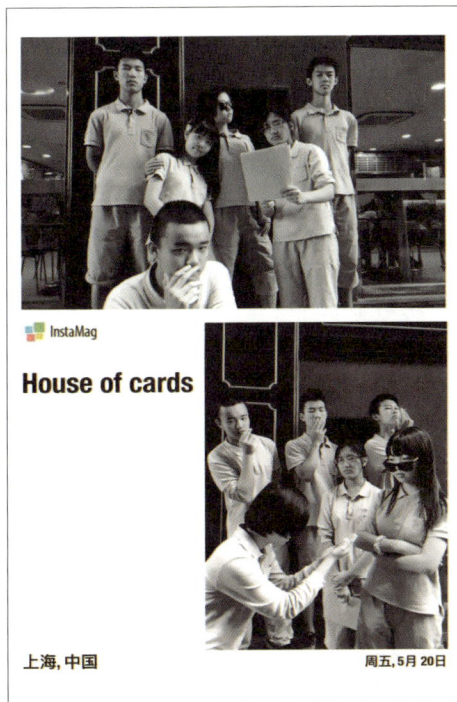

除此之外，九（2）班同学还对上海城市建筑发展进行了考察。他们首先来到上海城市历史发展陈列馆，回味老上海当年的旧景遗风和万种风情，感慨城市之美。之后，他们一路沿着城隍庙，欣赏各式各样的庙宇、弄堂，以及旧时租界的欧式建筑，最终抵达外滩。九（2）班另一组同学更是别具一格，他们研究了上海的黑帮，并研究了电视和现实中黑帮的不同以及由此反映出的人们的价值观。在前期准备中，他们首先去了上海黑帮风云人物黄金荣的故居——桂林公园，得到了一些采访片段。在城隍庙之行中，他们通过调查问卷，了解了不同年龄段的人们对黑帮的印象并得出结论。整个活动期间，他们还阅读了几本关于黑帮名人的书籍，对上海黑帮有了更深入的了解，升华了自己的主观意识。

调查结束后，中午十二点三十分，两个班的同学齐聚城隍庙上海本帮菜餐厅——绿波廊，享用最后的庆功宴。餐厅内座无虚席，同学们个个神采飞扬，在品尝晶莹剔透的美食的同时，还不忘激烈地讨论方才的经历和活动心得。下一步，大家准备整理活动资料，进行数据分析，并完成各组的活动结题报告，让这一次经历完满而不留遗憾。

本次活动中，每位同学都积极参与，努力完成好自己的任务，希望为自己的这个小团体争得荣誉。大家从中也深刻地体会到团结协作、良好分工和民主决议的重要性。更重要的是，大家也身临其境地感受到了老上海独有的各式特色和风土人情。而从同学们身上看到的，也是对旧时代的怀念，对接受文化熏陶的渴望，而这种怀念与渴望将让他们更好地立足于现代经济化大社会，更好地培养自身性情修养。无论他们是否出身于上海，无论他们是否懂得这座城市的语言，他们对老上海特殊的情感都会让他们认真地审视自己的灵魂，不被物质生活所迷惑，极力寻找自己的"根"。这份宁静祥和是每一个人需要的，也是上海在发展中不可或缺的感性的柔情。千里寻根满愁绪，一朝故土热泪归。岁月的变迁永远也风化不了后人对曾经的繁盛的永恒致敬。

最后，衷心地感谢这次"寻根上海"语文实践活动，感谢学校为同学们提供了这样一个锻炼自我能力的平台，让大家在实践中不断提升与创造。同时，也感谢全体老师、同学为这次活动的辛勤付出，让每一个人都受益匪浅。在不久的将来，我们也要更多地寻找自我的根，平和的根，上海的根，在脚下这片热土生根发芽，不忘初心，在继承过去的同时以更好的姿态展望未来。